EL CARISMA DE SCHOENSTATT
P. Rafael Fernández de A.

N° Inscripción: 307.200

ISBN: 978-956-246-913-5

© **Editorial Nueva Patris S.A.**
Vicente Valdés 644
La Florida - Santiago

Tel: +56 2 23282777
E-mail: gerencia@patris.cl
www.patris.cl

Diseño/Diagramación:
M. Constanza Martínez N.
Alberto Siredey D.

P. Rafael Fernández de A.

El Carisma de Schoenstatt

Indice

Presentación

Durante muchos años he tenido la intención de escribir este texto que ahora tienen en sus manos. Estoy profundamente convencido de que Schoenstatt, en verdad, tiene una tarea de gran trascendencia para la renovación de la Iglesia y de la sociedad. La tarea no era fácil porque la riqueza del carisma del P. José Kentenich es muy grande y requería mucha dedicación poder escribir algo al respecto.

En este texto uso el término "carisma" en el sentido que le dan san Juan Pablo II y el papa Francisco cuando hablan del carisma de los fundadores.

Pongo ahora en sus manos estas reflexiones, que no tienen un carácter académico. Por otra parte, no se trata de una introducción a Schoenstatt, ya que suponen un conocimiento general de lo que es nuestro Movimiento. Además, debe tenerse en cuenta que una cosa es exponer el carisma, como lo hacemos aquí, y otra es la forma pedagógica en que este se entrega. En este sentido deberá hacerse de acuerdo con la pedagogía dinámica, es decir, según la perspectiva de intereses de quienes somos responsables.

Tampoco es este un trabajo exhaustivo, de allí que varios temas podrían ser profundizados, lo cual dejamos a la iniciativa de cada uno de ustedes.

Lo que más me importaba era entregar una visión coherente del carisma del P. Kentenich, ya que son muchos y diversos los elementos que lo conforman.

Nuestros trabajos y compromisos apostólicos serán más fecundos cuando, verdaderamente, todo lo que hagamos en el sentido de Schoenstatt o para Schoenstatt, posea el sello kentenijiano.

De suyo, podemos hacer muchas cosas buenas que son un aporte en la Iglesia y la sociedad, sin embargo, poseemos, por encargo del Señor, un aporte específico. Si lo conocemos en profundidad y lo aplicamos en nuestros apostolados, entonces todo lo que hagamos va a ser una contribución a que se realice el gran "sueño" del P. Kentenich.

I. UN CARISMA PARA LA IGLESIA

1. "SCHOENSTATT EN SALIDA"

El presente texto corresponde a una necesidad central del Movimiento de Schoenstatt, ya que todo lo que este pueda hacer por la renovación de la Iglesia y la instauración de un nuevo orden cristiano de la sociedad, depende de la gracia que Cristo Jesús regaló a su fundador en vista de esta trascendente tarea.

Nuestro padre expresó que cada 50 años era necesario refundar nuestras comunidades, es decir, volver a adentrarse en sus raíces y en su originalidad. Hoy, más que nunca, se hace evidente la necesidad de renovación profunda de la Iglesia y de que cada comunidad eclesial aporte a ella de acuerdo con su propio carisma, lo que es imposible sin una revisión y renovación de su propia gracia fundacional.

Antes de abordar esta tarea, queremos citar las palabras sobre el carisma de nuestro fundador, pronunciadas por el papa Juan Pablo II, el 20 de Septiembre de 1985, con ocasión de la celebración de los 100 años del P. José Kentenich:

> *Ustedes están llamados a participar de la gracia que su fundador recibió y ofrecerla a toda la Iglesia. Pues el carisma de los fundadores es una experiencia suscitada por el Espíritu y es transmitida a sus discípulos para que estos la vivan y la desarrollen constantemente en la comunión de la Iglesia y para bien de la Iglesia.*

Las palabras del santo padre son muy claras y comprometedoras para nosotros. Queremos comprender, vivir y transmitir fielmente el carisma que nos legó nuestro padre fundador.

Recordamos, también, las palabras que dirigiera el papa Francisco a los Padres de Schoenstatt, el 4 de noviembre de 2015, que valen igualmente para todos los hijos de nuestro padre y fundador:

> *Les preocupa mantener vivo el carisma fundacional y la capacidad de saber transmitirlo a los más jóvenes. A mí también me preocupa, ¡que mantengan el carisma y lo transmitan!, de tal manera que siga inspirando y sosteniendo sus vidas y su misión.*
>
> *Ustedes saben que un carisma no es una pieza de museo, que permanece intacta en una vitrina, para ser contemplada y nada más.*
>
> *La fidelidad, el mantener puro el carisma, no significa de ningún modo encerrarlo en una botella sellada,*

como si fuera agua destilada, para que no se contami-ne con el exterior.

No, el carisma no se conserva teniéndolo guardado; hay que abrirlo y dejar que salga, para que entre en contacto con la realidad, con las personas, con sus inquietudes y sus problemas.

Y así, en ese este encuentro fecundo con la realidad, el carisma crece, se renueva y también la realidad se transforma, se transfigura por la fuerza espiritual que ese carisma lleva consigo.

El P. Kentenich lo expresaba muy bien cuando decía que había que estar «con el oído en el corazón de Dios y la mano en el pulso del tiempo». Aquí están los dos pilares de una auténtica vida espiritual.

En este mismo sentido, nuestro Movimiento ha asumido vitalmente la consigna del papa Francisco que él expresó en su llamado a ser "una Iglesia en salida". Schoenstatt, como comunidad eclesial, desde siempre ha estado orientado por el fundador en esta línea. Basta leer lo que él reza en el libro *Hacia el Padre*:

Danos, Padre, arder como un fuego vigoroso,
marchar con alegría hacia los pueblos
y, combatiendo como testigos de la redención,
guiarlos jubilosamente a la Santísima Trinidad. (HP, 12)

De modo semejante, en otra de las oraciones del *Hacia el Padre, Mantén en alto el Cetro,* dirigiéndose a María, reza así:

> *Schoenstatt porte valerosamente*
> *hasta muy lejos tu bandera*
> *y someta victorioso a todos los enemigos;*
> *continúe siendo tu lugar predilecto,*
> *baluarte del espíritu apostólico,*
> *jefe que conduce a la lucha santa,*
> *manantial de santidad en la vida diaria;*
> *fuego del fuego de Cristo,*
> *que llameante esparce centellas luminosas,*
> *hasta que el mundo, como un mar de llamas,*
> *se encienda para gloria de la Santísima Trinidad.*
> *(HP 498-500)*

En 1929, ante un grupo de la juventud masculina, en la Casa de la Alianza, construida junto al Santuario original, el P. Kentenich hizo una afirmación que, a primera vista, es difícil comprender. Dijo:

> *A la sombra del santuario se van a codecidir por siglos*
> *los destinos de la Iglesia y del mundo.*

Habían transcurrido apenas 15 años desde la fundación de Schoenstatt. Hacer una afirmación de ese tipo, humanamente era aventurado, ya que el desarrollo del Movimiento no avalaba la proyección que visualizaba el padre fundador. ¿Qué le permitía hacer una afirmación tan trascendente? ¿Se trataba de un entusiasmo del momento o algo por el estilo?

Lo que el padre fundador expresara en ese momento lo repitió muchas veces en su vida, hasta el final. Sin duda, no se trataba de una fantasía o simplemente de un deseo; era más bien la afirmación de una convicción.

Para comprender cabalmente esta afirmación del P. Kentenich, es preciso tener presente lo que había sido durante siglos, la espiritualidad que había reinado en la Iglesia, especialmente a partir de San Agustín, siglo V, hasta inicios del siglo XX.

Es importante, además, considerarla a la luz del extraordinario cambio cultural que se inicia con el Renacimiento: el paso de una era teocéntrica a una era antropocéntrica. Es uno de los cambios más trascendentales de la historia que ciertamente repercuten de modo profundo en la vida y en la transmisión de la fe.

Teniendo en cuenta este horizonte será posible comprender mejor la afirmación del P. Kentenich.

2. LA RIQUEZA DEL CARISMA

Lo que el Señor ha regalado a los hijos de Schoenstatt, a través de su fundador, es una tarea que abarca muchas dimensiones. Esto, que de suyo constituye una gran riqueza, puede, sin embargo, llevar a una cierta simplificación o parcialización del carisma, menguando su fecundidad.

Nuestra intención es compartir el esfuerzo por descubrir en toda su riqueza el legado del fundador, a fin de que su "sueño" se haga cada vez más realidad.

Lo que se propone es un texto introductorio, orientado a personas que ya conocen Schoenstatt y que tratan de vivirlo y hacerlo fecundo en su apostolado.

La necesidad de abordar este tema adquiere especial importancia en el actual período *post mortem fundatoris*.

Es normal que, después de la muerte del fundador, se produzca en las comunidades una especie de desconcierto, apareciendo diversas interpretaciones del carisma legado por él; o que se dejen de lado algunos aspectos de su propuesta; o bien, que se introduzcan diversas modificaciones que suelen dar origen a lo que se denomina "nuevas observancias".

Nosotros conocemos la existencia de fundaciones que, por incomprensión o desconocimiento profundo de su carisma, han errado su camino. Ciertamente, como Familia de Schoenstatt, no estamos exentos de ese peligro.

Por otra parte, como mencionamos anteriormente, nuestro padre afirma que, cada 50 años, las comunidades debieran refundarse.

Recordemos sus palabras en la Jornada de Octubre de 1951:

> *¿Qué quiere un año jubilar? Una nueva fundación.*
>
> *¿Qué quiere un año jubilar? Quiere poner al descubierto los cimientos de la Familia, para construir de nuevo sobre ellos.*

¿Qué quiere un año jubilar? Verificar todo lo que surgió y creció; si es sano, recto o si algo se torció y debe ser enderezado.

Se trata de volver siempre a las raíces de la fundación, a la idea original del fundador, para hacerla consciente y actual en las nuevas condiciones y coyunturas culturales. Es preciso verificar; hacer una evaluación de lo hecho, corregir lo que puede haberse desviado y mirar al futuro.

El carisma del P. Kentenich no se concreta en uno u otro apostolado que haya que realizar o en una actitud importante a cultivar o en un determinado aspecto de la vida cristiana. Se trata, más bien, de algo muy amplio y contundente. Lo que él propone para la renovación de la Iglesia es una nueva forma de concebir, de vivir y de transmitir la fe, que abarca la totalidad de la persona y de la vida cristiana.

Nuestra intención es comprender mas profundamente la propuesta del fundador tratando, al mismo tiempo, de "aterrizarla" al contexto cultural actual.

Quisiéramos profundizar el carisma del P. Kentenich en su globalidad, mostrando cada uno de sus aspectos en su interrelación y mutuo condicionamiento. Dado que el carisma kentenijiano posee un sello marcadamente pedagógico-pastoral, trataremos de descubrir, en nuestra trayectoria, aquellas formas en que podemos hacerlo nuestro y entregar a otros su espíritu.

3. ACTUALIZAR EL CARISMA

"Schoenstatt en salida", esta es la consigna. Así como la Iglesia, encerrada en sí misma, pierde su naturaleza, de modo semejante, si nosotros vivimos en nuestros círculos o centros, encerrados en nosotros mismos, perdemos nuestra naturaleza, alejando con ello la realización de lo que nuestro fundador propuso con tanta fuerza.

Cuando nos referimos a un Schoenstatt en salida, es preciso cuidar de que ello no se traduzca en un Schoenstatt "en la dispersión". Siempre tendremos nuestros centros y santuarios en los cuales deberemos estar profundamente arraigados. Pero nuestra Familia no nació para vivir "enclaustrada" ni menos todavía, usando la expresión del papa Francisco, "balconeando", contemplando lo que sucede en la Iglesia y en el mundo, diciendo lo que "habría que hacer", o bien criticando lo que se hace.

El espíritu de conquista apostólico pertenece a nuestra esencia. Somos un Movimiento marcadamente apostólico. Así nos pensó nuestro fundador.

Ahora bien, si queremos de verdad ser un Schoenstatt en salida, es necesario que sepamos hacia dónde salimos y, sobre todo, qué es lo que ofrecemos y tratamos de realizar con quienes, sin pertenecer a Schoenstatt, buscan, también, la renovación de la Iglesia.

En otras palabras, nuestro espíritu apostólico y todo nuestro quehacer deben estar marcados por un sello propio, el sello kentenijiano.

Podemos emprender múltiples tareas, de suyo muy positivas, pero podría ser que su realización no esté marcada por la impronta propia de Schoenstatt.

Esto no quiere decir que siempre tengamos que estar hablando o haciendo referencia a Schoenstatt. Recordemos lo que decía nuestro padre fundador sobre el trabajo apostólico: debe ser "en el sentido" de Schoenstatt y "para" Schoenstatt. Ambas cosas no se contraponen, sino que se complementan.

Queremos asumir el carisma kentenijiano, vivirlo y actualizarlo.

A veces se piensa que los tiempos han cambiado tanto que aquello que dijo el P. Kentenich hace más de noventa años, ya está anticuado y, por lo tanto, es preciso actualizarlo. Las circunstancias y cultura actual no son las mismas de hace 100 años.

Por eso, estilos y formas de apostolado no pueden repetirse tal como se hacía años atrás. Esto, desde la perspectiva de lo que es una pedagogía de movimiento o dinámica, es algo evidente.

Pero una cosa es el carisma en sí mismo y otra la respuesta que da este carisma a realidades nuevas.

Es algo análogo a lo que sucede con el Evangelio: tenemos que "actualizarlo y vivirlo", aplicando la Buena Nueva en medio de las nuevas realidades que nos desafían. Esto requiere que conozcamos cabalmente la verdad revelada, ya que, de otra forma, se perdería y diluiría en decenas o cientos de interpretaciones, como ha sucedido históricamente.

Siempre es necesario re-actualizar el carisma. Ahora bien, para realizar esto, necesitamos poseer claridad de lo que es el carisma en sí mismo.

Si no tenemos claridad en qué consiste, cuál es la esencia de este, difícilmente podremos actualizarlo. Quizás podamos realizar muchas cosas, pero no entregamos la esencia de lo que nos legó el fundador, es decir, lo que realmente Dios quiso hacer llegar a la Iglesia a través nuestro. De ahí la importancia de conocerlo con claridad.

II. DOS COORDENADAS TRASCENDENTALES

Para comprender cabalmente el contenido del carisma kentenijiano, es preciso visualizarlo desde una perspectiva histórica.

Lo haremos, primero, en el contexto de la espiritualidad en la vida de la Iglesia. En segundo lugar, en una perspectiva cultural. El carisma del fundador responde a un cambio cultural extraordinario.

En tercer lugar, lo mostraremos en el contexto del desarrollo histórico del Movimiento de Schoenstatt.

1. LA ACENTUACIÓN AGUSTINIANA

Para explicar la novedad que trae Schoenstatt, el P. Kentenich destaca, en primer lugar, el aporte que trajo san Agustín a la vida de la Iglesia. En segundo lugar, menciona la doctrina que elaboró santo Tomás de

Aquino en relación con la armonía de la naturaleza y la gracia. En tercer lugar, menciona a Schoenstatt, el cual está llamado a aportar una manera de vivir y de transmitir la fe que haga posible un cristianismo donde reine vitalmente la armonía visualizada por Santo Tomás.

En los primeros siglos del cristianismo, después del inicio de la evangelización, que fue regado por la sangre de los mártires, muchos quisieron vivir más radicalmente su fe y desarrollaron una corriente de vida que los llevó a seguir a Cristo en la soledad del desierto, desligándose de todo lo humano en pobreza, penitencia y vida de oración. Estos se denominan "anacoretas".

Posteriormente, surgieron pequeñas comunidades donde los eremitas se reunían y apoyaban mutuamente en su entrega radical al Señor. Se denominaron "cenobitas".

San Agustín (354-430), uno de los santos y doctores más destacados de la Iglesia, después de su conversión y consagración como obispo, se sintió movido a fundar, en su propia casa episcopal, una comunidad inspirada por el cenobitismo, redactando lo que se llamó posteriormente "la regla de san Agustín", en la cual el santo imprimió una clara acentuación de la vida religiosa.

Para comprender esta acentuación plasmada en esa regla, es preciso tener en cuenta el trasfondo doctrinal que traía consigo san Agustín. Este, después de haber incursionado en el maniqueísmo, asumió el neoplatonismo. Sabemos que la filosofía platónica daba importancia a las ideas, a lo espiritual y consideraba lo material, el cuerpo, como una cárcel para el espíritu.

Este trasfondo ideológico influyó notablemente en san Agustín cuando asumió la fe cristiana. Le llevó a acentuar decididamente lo espiritual, la vida eterna, en definitiva, al Dios uno y trino. Esto es lo definitivo; lo demás es pasajero.

San Agustín evidencia, en la misma dirección, las consecuencias del pecado original y personal, que están presentes en cada persona, en su cuerpo, en su espíritu y en sus actividades. Por eso, declara que lo humano está herido; el mundo es peligroso, puede ser una trampa.

Por cierto, se trata de una acentuación, dentro de un contexto en el cual san Agustín también destaca el amor y la misericordia de Dios que va más allá de cualquier peso del pecado.

En el siglo VI, aparece otro gran santo: san Benito (480-547), quien es considerado como el padre del monacato occidental e iniciador de la vida monástica en Occidente.

San Benito asume la orientación agustiniana y le da forma en la vida monacal que dominó en Europa durante toda la Edad Media. Él también escribió una regla para sus monjes, que sirvió de base y de inspiración para los monasterios y comunidades religiosas.

La espiritualidad monacal se consolida en la Iglesia, en los monasterios y comunidades religiosas. Se denominó espiritualidad de la *"fuga mundi"*, de la huida del mundo.

Quienes querían poner en el centro de su vida a Dios, estaban llamados a apartarse del mundo, para entregarse por entero a Dios, según el lema *"ora et labora"*, (ora y trabaja), viviendo en pobreza, obediencia y castidad. Quienes vivían así, pertenecían al "estado de perfección" en la Iglesia.

A fines de la Edad Media surge una corriente espiritual denominada *"devotio moderna"*, cuyos portadores iniciales fueron las Hermanas y los Hermanos de la Vida Común. La devoción moderna adquiere gran popularidad mediante un libro de espiritualidad denominado *La Imitación de Cristo*, escrito por Tomás de Kempis (1380-1471), que llegó a ser, en los siglos siguientes, el libro más divulgado después de la Biblia. Esta corriente influyó grandemente en la vida de la Iglesia: buscaba ofrecer medios concretos de crecimiento espiritual y fomentar la imitación de Cristo.

La Imitación de Cristo fue considerado un manual de espiritualidad no solo para quienes habían elegido la vida religiosa consagrada, sino también para los laicos, prácticamente hasta la primera mitad del siglo XX.

Sus principios y consejos se divulgaron en el Pueblo de Dios como también las prácticas religiosas afines con la espiritualidad de la "huida del mundo".

La acentuación del Dios vivo y de la vida eterna, es decir, la importancia y centralidad de la "Causa Primera"-usando el lenguaje que el P. Kentenich asumió de santo Tomás-, destacando también las heridas de la naturaleza causadas por el pecado original y los pecados personales, inspiró, durante siglos, la vida de la Iglesia e hizo surgir innumerables santos.

En el ámbito de esta acentuación, se da una gran gama de concreciones, todas ellas dentro de un marco ortodoxo.

Es interesante mencionar, en este contexto, a Lutero, monje agustino que encabezó la Reforma que terminó dividiendo a la Iglesia hasta nuestros días.

Lutero lleva la acentuación agustiniana a un extremo heterodoxo, alejándose así de la doctrina católica. Su visión ejerce una gran influencia en el ámbito cultural de Occidente, lo cual también se hace sentir en el ámbito católico.

Lutero afirmaba que la naturaleza humana está corrompida; que es como un montón de mugre encima del cual cae la nieve -la gracia-, cubriéndolo todo: Dios, gratuitamente, perdona al hombre su pecado, pero la gracia no lo transforma interiormente.

El pesimismo respecto a la naturaleza herida por el pecado lleva a Lutero a no poder concebir que el hombre pueda merecer y cooperar activamente en la redención. Él sigue siendo un pecador, solo que Dios no le imputa su pecado. La Palabra de Dios y la fe pasan a ser su única fuente de vida.

Esta posición lleva a Lutero a negar toda interacción entre Dios y los hombres. Niega así el sacerdocio, los sacramentos, entre ellos especialmente la eucaristía; la función de María en la redención, el Papado, la Iglesia institucional, etc. Dios es, como se llegó a afirmar posteriormente, "el enteramente diverso" al hombre. Por eso, a este último no se le ve como imagen ni camino para conocer y amar a Dios.

De esta forma, Lutero y la Reforma impulsada por él, llevan a un extremo heterodoxo lo que san Agustín había acentuado, pero nunca absolutizado.

Se debe mencionar también la influencia que ejerció entre los católicos, especialmente en los siglos XVIII y XIX, el jansenismo, corriente cercana al calvinismo por su doctrina de la gracia y de la predestinación. El jansenismo, como un movimiento puritano, enfatiza el pecado original, marcando un acentuado moralismo rigorista.

Más allá de estas tendencias, que se sitúan claramente fuera de la doctrina cristiana, la acentuación agustiniana desequilibraba la relación entre naturaleza y gracia, sin considerar que la naturaleza, si bien está herida, no por ello está corrompida.

El P. Kentenich, apoyándose en la doctrina de la armonía de la naturaleza y la gracia, enseñada por santo Tomás de Aquino, -doctrina que explicaremos más adelante- aporta una espiritualidad en que es posible la santidad en medio del mundo. Y afirma que el Dios que nos creó, es el mismo que nos redime y regala la sanación a nuestra naturaleza herida por el pecado.

Tener esto presente nos permite comprender mejor y cabalmente el aporte kentenijiano, que significa un gran cambio de acentuación en la vida espiritual y en la pedagogía pastoral

2. UN EXTRAORDINARIO CAMBIO CULTURAL

2.1. Una época marcadamente antropocéntrica

Tratamos de comprender a cabalidad la afirmación que el P. Kentenich hiciera en 1929: *"a la sombra del santuario se codecidirán esencialmente los destinos de la Iglesia y del mundo"*.

Afirmamos que podemos comprender esta sentencia en su profundidad y amplitud en la medida en que tengamos presente la acentuación kentenijiana, que trae un nuevo tipo de espiritualidad, diverso al que reinaba durante siglos al interior de la Iglesia.

Por otra parte, comprendemos esa afirmación del fundador de Schoenstatt teniendo en cuenta el extraordinario cambio cultural que se inició el siglo XIV y marcó el Renacimiento (siglo XV-XVI), período en que se producen: el fin de la época feudal y el fortalecimiento de la autoridad real en Europa, el fuerte avance del islam, el desarrollo sistemático de nuevas técnicas de navegación, los descubrimientos geográficos, la conquista de América y las colonizaciones en África, India y Asia.

Esa época de cambios anuncia el proceso del paso de una era teocéntrica, (centrada en Dios), a una era antropocéntrica, (centrada en el hombre). El Renacimiento abre la puerta al humanismo, a la importancia y al valor de todo lo humano, para desembocar en la Ilustración del siglo XVII y el Racionalismo del siglo XVIII.

En el ámbito del pensamiento, el filósofo René Descartes (1596 -1650) marca un hito en este proceso, fomentando el pensar racionalista, liberal, positivista y laicista, desligado de la fe. Es el reinado de la "diosa razón", que no necesita ser normado ni avalado por la religión.

Estas corrientes de pensamiento empiezan a desarrollar una nueva mentalidad: el laicismo y el racionalismo, los cuales van tomando diversas formas, tales como la masonería y otras ideologías.

La Revolución Francesa, (siglo XVIII), proclama la consigna: "libertad, igualdad y fraternidad", decapitando al rey, real y simbólicamente, e instaurando la democracia, fundamento de las repúblicas en Europa y América.

Por otra parte, al alero de este pensar, se genera, cada vez con mayor fuerza, el progreso científico y muy especialmente el extraordinario progreso técnico, marcado, hacia fines del siglo XVIII, por el invento de la máquina a vapor, primer gran paso que dará impulso a la Revolución Industrial, que florecerá en el siglo XIX.

De este modo, con el paso del tiempo, la espiritualidad centrada en el más allá se ve enfrentada a un mundo que empodera cada vez más al hombre, afirmando su autonomía y la toma de conciencia de su poder. Así va desapareciendo la cristiandad e instaurándose una cultura que desplaza al Dios vivo y a la Iglesia.

El mundo del progreso científico y luego el extraordinario desarrollo generado por la Revolución Industrial, sucederán, en gran parte, sin que los católicos, especialmente los laicos, estén presentes.

Se produce así un cambio de eje: el hombre, lo humano, la tierra, lo que pasa aquí, comienzan a ser más y más importantes, generando lo que el P. Kentenich denomina el "progresivo abandono de la Casa del Padre".

Por otra parte, el desarrollo tecnológico e industrial ya descrito va acompañado del surgimiento del proletariado, que genera una realidad laboral y socio-cultural marcada por un desequilibrio entre los trabajadores de las industrias y los empresarios, dueños del dinero y el poder.

Estos hechos trajeron consigo enormes injusticias sociales, las cuales, en un primer momento, no suscitan una clara respuesta por parte de la Iglesia.

En el siglo XIX las masas proletarias expresan la necesidad de un cambio social profundo. En este contexto, comienza a tomar cuerpo la visión y propuesta de Carlos Marx, quien, para acabar con la injusticia social, propone la lucha de clases para derrocar al capitalismo y salir al encuentro de las masas trabajadoras.

Marx ve a la Iglesia como aliada de los capitalistas; de allí su afirmación "la religión es el opio del pueblo".

A comienzos del siglo XX, Lenin y luego Stalin serán quienes llevarán a cabo la revolución del pueblo instaurando en Rusia el poder bolchevique.

El marxismo adopta con fuerza un "ateísmo militante", que busca acabar con toda influencia que provenga de la Iglesia, porque se la ve como aliada de los capitalistas y de aquellos que, por el poder y el dinero, abusan del proletariado.

Esta etapa histórica y la expansión del marxismo en su acepción política y económica, después de una exitosa propagación, llegan a su fin en las postrimerías del siglo XX.

Tras la caída del imperio marxista, esta mentalidad se expresa no ya en un ateísmo militante, sino en una ausencia de Dios quien ya no es importante. Si alguien quiere creer, puede hacerlo, pero su fe no cambia el mundo. Este es modificado por la ciencia y tecnología, la política, las comunicaciones, el dinero, la fuerza de las armas, las dictaduras de derecha o de izquierda.

El proceso de la "huida de la Casa del Padre" continúa con fuerza. Se llega así a una ausencia práctica del Dios vivo en la sociedad; a una indiferencia frente a Dios: si alguien quiere creer, puede hacerlo, pero para la sociedad, "los negocios son los negocios".

En este mundo que ha relegado al Dios revelado por Cristo a un rincón, reina ampliamente el relativismo, los poderes fácticos, la anarquía o las dictaduras. Todo, de una u otra forma, va guiado por la consigna de "libertad, igualdad y fraternidad" donde la Iglesia, como institución, es cada vez menos importante.

En este panorama, como afirmamos, se desterró al Dios vivo: sin embargo, no se pudo acallar el instinto de trascendencia que tiene el hombre. Así, progresivamente se hicieron cada vez más presentes creencias de toda índole, muchas de ellas orientales, que cultivaban espiritualidades y métodos de meditación, para encontrarse consigo mismo y sumergirse en un dios como una fuerza impersonal o panteísta. Todas esas "religiones" carecen de un dios personal y su espiritualidad no transcendía al ámbito público.

Al cortar el cordón umbilical con el Dios revelado por Cristo Jesús, se dio amplia cabida al relativismo que no reconoce una ley natural que el Dios creador haya impreso en la creación.

De este modo, el pensamiento, la ciencia, la técnica, la política, la cultura en general, se fueron desarrollando en medio de un mundo cada vez más lejano al Dios revelado. Se absolutizaba al hombre, y al Dios de Cristo Jesús se le ignoraba o se le recluía en la sacristía. Con ello se había roto toda posible armonía entre lo natural y lo sobrenatural, entre el mundo y Dios.

La ausencia de Dios creador y redentor trae graves consecuencias para el hombre y la sociedad. Lo que hoy día vivimos, por ejemplo, en relación al individuo, a la masificación, a la ideología de género, a la desintegración de la familia, la violencia, etc., en definitiva, tienen su origen en este corte del cordón umbilical que une a la criatura con el Dios creador y redentor. Cada persona o cada agrupación decide lo que es o no es, lo que hay que hacer o no hacer. Para algunos existen ciertos valores que son negados por otros y así sucesivamente.

¿Quién determina entonces lo que se debe hacer o no hacer? Las respuestas son muy variadas; puede ser el poder económico, el poder político, los medios de comunicación, el terrorismo u otros medios. Para las democracias resulta difícil gobernar: otros prefieren recurrir al poder dictatorial.

2.2. La reacción de la Iglesia ante los cambios culturales

Ciertamente, a pesar del distanciamiento de los hombres con el Dios revelado, la Iglesia no desaparece del mapa, pero, como poco a poco había perdido el antiguo protagonismo ejercido en Occidente, como testigo de la nueva realidad cultural, es llevada a replantearse su modo de intervención en la sociedad.

La Revolución Francesa, que instauró las democracias, y el cambio social producido por la revolución industrial generaron una realidad que llevó a la Iglesia a enfrentar, cada vez más, los problemas temporales, producto de la injusticia social que había adquirido grandes dimensiones.

En la Iglesia, la relación de Dios con el mundo, la armonía entre la entrega a Dios y la responsabilidad por las realidades temporales progresivamente se irán esclareciendo.

Tener en cuenta este proceso nos ayuda aún más a comprender el aporte que trae el P. Kentenich en este sentido.

El marxismo había pasado a ser el promotor de la lucha por los derechos de los trabajadores y de las masas proletarias.

Progresivamente, en el campo católico, surgen iniciativas que exigen ir más allá de la caridad y las obras de beneficencia. Se destaca, en este sentido, lo realizado en Alemania por el obispo de München, monseñor Wilhelm Emmanuel von Ketteler, y su conocida obra *"La cuestión obrera y el cristianismo"* (1864), junto con el surgimiento de partidos políticos de inspiración cristiana.

Por otra parte, ya el papa Pio IX, quien se había preocupado por las repercusiones del liberalismo en el campo político y doctrinal, no ignoró la preocupación que cabía a la Iglesia en la dimensión social. Recuérdese que en su encíclica *Quanta Cura* (1864), condenó tanto el socialismo como el liberalismo económico, entregando un primer esbozo de las enseñanzas que el papa León XIII desarrollaría posteriormente en su famosa encíclica *Rerum Novarum*.

Con el papa León XIII se establecen las bases de la doctrina social de la Iglesia. Se condena el carácter materialista del liberalismo económico, que excluye el aspecto moral de las relaciones entre capital y trabajo. El Santo Padre señala, como horizonte social, la dignidad de la persona humana y los derechos de los trabajadores, en el ámbito de una real justicia social.

Sucede a León XIII el Papa Pío X, quien enfrenta la problemática cultural centrándose más bien en la doctrina, ante los ataques que provenían del pensamiento liberal racionalista y de la ciencia.

El papa Pío X aborda esta realidad y promulga, en 1917, una carta pastoral denominada *Pascendi Dominici*

Gregis. En ella condena el modernismo ideológico y establece una serie de principios relativos a la evolución dogmática católica.

Instituyó comisiones para limpiar el clero de las doctrinas contrarias a la fe católica y evitar la propagación del modernismo.

De esta forma, fue obligatorio hacer un juramento antimodernista por parte de todos los obispos católicos, sacerdotes y maestros, para obligarlos a manifestar en términos claros la fe que profesaban. Este juramento se mantuvo en vigor hasta que fue abolido por Pablo VI, en 1967.

El papa Pío XI retoma y profundiza las enseñanzas de León XIII. La preocupación y la lucha por un orden cristiano de la sociedad cobran cada vez más vigor.

El mismo Papa fortalece la "Acción Católica" que, más tarde, Pío XII apoyará fuertemente. Retoma, confirma y complementa la doctrina expuesta por León XIII. En su encíclica *Quadragesimo Anno*, afirma:

> *Así, pues, venerables hermanos, las presentes circunstancias marcan claramente el camino que se ha de seguir. Nos toca ahora, como ha ocurrido más de una vez en la historia de la Iglesia, enfrentarnos con un mundo que ha recaído en gran parte en el paganismo.*[1]

---

1 Pio XI, Encíclica *Quadragesimo Anno*, 15 de Mayo 1931, n. 58.

En definitiva, la problemática social llevó a la Iglesia, laicos y consagrados, pensadores y políticos, a considerar con una nueva mirada la vida del cristiano.

Los pontificados de Pío XII, Juan XXIII y luego Pablo VI confluirán en el Concilio Vaticano II, a mediados del siglo XX. El Concilio mostrará, con gran claridad, la armonía que tiene que existir entre fe y cultura, Iglesia y mundo y la responsabilidad que cabe, especialmente a los laicos, en la transformación del orden temporal.

2.3. Surgimiento de una nueva espiritualidad

En este contexto, durante la primera mitad del siglo XX, surgió, al interior de la Iglesia, la necesidad de una espiritualidad que promoviese la santidad en medio del mundo.

Quienes poseían una vocación laical debían vivirla allí, donde vivían y trabajaban. No debían abandonar el mundo, sino que transformarlo desde dentro.

El fundador de Schoenstatt será uno de los primeros en destacar esto. Recuérdese que su primer libro se titula *La Santidad del día de Trabajo*.[2] Junto a él y después de él, fueron surgiendo laicos y comunidades religio-

---

2 De este libro, el P. Kentenich escribió personalmente la tercera parte.

sas que, progresivamente, asumían el gran desafío de vivir la fe en medio de las realidades temporales.

La Iglesia había vuelto su mirada al mundo y a la necesidad de que, especialmente los laicos, debían ser gestores de un nuevo orden cristiano de la sociedad.

2.4. Santo Tomás de Aquino y el aporte del P. Kentenich

Hemos hecho un largo recorrido analizando, en forma global, las grandes coordenadas que permitieron afirmar al P. Kentenich: *"A la sombra del santuario se van a codecidir, por siglos, los destinos de la Iglesia y del mundo"*.

Mostramos una visión global de la espiritualidad que reinó en la Iglesia entre los siglos V y XX. Luego dirigimos la mirada al proceso cultural que se dio a raíz del Renacimiento y hasta nuestros días, caracterizado por el empoderamiento del hombre en una nueva era marcadamente antropocéntrica.

La cuestión social fue el gran detonante para un cambio de perspectiva al interior de la Iglesia.

Poco a poco fue surgiendo un nuevo horizonte para una santidad centrada, esta vez, en medio del mundo que, en definitiva, requeriría revisar lo que significaba la armonía de lo natural y de lo sobrenatural, de Dios y el mundo, de la actividad divina y la cooperación humana.

Esto es lo que tiene presente el fundador de Schoenstatt. Él afirma que la base teológica doctrinal la había puesto santo Tomás de Aquino en la Edad Media.

Santo Tomás, a diferencia de san Agustín, quien tenía como trasfondo la filosofía neoplatónica, explica, basándose en la doctrina de la causalidad aristotélica, la relación armónica entre la Causa Primera (Dios) y la causa segunda, (el hombre, las creaturas). Esto permitió a santo Tomás mirar con una nueva óptica su mutua relación. Sin embargo, esta visión doctrinal de santo Tomás no tuvo mayor repercusión en el modo de vivir y transmitir la fe.

El P. Kentenich asume con fuerza el principio tomista que dice: *"la gracia presupone la naturaleza, la sana, la eleva y la perfecciona"*.

Desde el inicio, visualiza esta perspectiva desarrollando una nueva espiritualidad y pedagogía pastoral.

Siendo tomista su base doctrinal, incorpora además el pensamiento personalista y de otras corrientes que surgieron en la primera mitad del siglo XX. Sin embargo, su aporte no reside principalmente en el orden de las ideas o de la doctrina sino en el orden de la espiritualidad y de la educación de la fe.

El Concilio Vaticano II abordó con claridad la relación de Dios y mundo y destaca la importancia del orden temporal y, consecuentemente, de los laicos.

Al término del Concilio, el P. Kentenich afirmó que lo que planteaba la Iglesia postconciliar, siempre lo había sostenido el Schoenstatt preconciliar. Pero agrega algo más: afirma que aún quedaba la gran tarea de contar con una espiritualidad y pedagogía de la fe que hicieran posible lo que el Concilio planteaba.

Para él estaba claro el desafío de la renovación de la Iglesia y la tarea de generar un nuevo orden cristiano de la sociedad. No abordar la tarea pedagógica que esto implica, traería consigo que los resultados serían poco satisfactorios.

2.5. Un gran desafío: Superar el divorcio entre fe y vida

El divorcio entre la fe y la vida diaria de muchos debe ser considerado como uno de los más graves errores de nuestra época. (GS, iv, n.43)

Este diagnóstico del Concilio Vaticano II, Pablo VI lo expresa igualmente en su exhortación apostólica *Evangelii Nuntiandi* donde afirma:

El drama de nuestro tiempo es el divorcio entre Evangelio y cultura. (EN, 20).

Afirmación que hoy sigue teniendo importancia y, quizás, más que antes.

El fundador de Schoenstatt quiere responder con una espiritualidad y pastoral que superen este divorcio entre fe y vida.

Hoy no nos faltan ideas claras, por ejemplo, sobre la doctrina social de la Iglesia, pero el problema es que las fuerzas laicales, muchas veces, no han estado capacitadas para llevar exitosamente a cabo la tarea que correspondía realizar en el campo de la ciencia, de la política, de la empresa, de los medios de comunicación social, etc., ante un mundo cada vez más alejado de Dios y una Iglesia notoriamente debilitada.

¿Qué ha sucedido con nuestro compromiso de generar un cambio cultural e instaurar un nuevo orden cristiano de la sociedad?

La Acción Católica, iniciada con Pío X y apoyada fuertemente por Pío XII, poco a poco, después de un florecimiento, fue perdiendo su fuerza.

Hubo compromiso y actividad apostólica pero el alma, al parecer, no estaba tan fortalecida y no se había consolidado una espiritualidad que permitiera la acción en el mundo, manteniendo en ella un vivo contacto con Dios. De hecho, la organización como tal, en muchos lugares, desapareció, aunque en algunas partes todavía existe.

Pensemos también en el compromiso político inspirado en el Evangelio. Grandes pensadores, como Jacques Maritain y Emmanuel Mounier y, luego, algunos partidos políticos, asumieron como propia la inspiración de la doctrina social de la Iglesia y buscaron concretarla, a través de su actividad política, en un cambio social inspirado por los valores del Evangelio. Sabemos qué ha pasado con esas iniciativas.

Consideremos, por otra parte, lo que ha sucedido en el campo de la ciencia. Esta creció y se desarrolló al margen de la inspiración cristiana. Hoy día son muy pocos los científicos que sostienen los valores cristianos y que no ven una contradicción u oposición entre fe y ciencia.

En el ámbito de la técnica, en el mundo de las comunicaciones y, en general, en el ambiente laboral ha sucedido algo semejante. La mayoría de los cristianos no hemos sido capaces de hacer surgir un auténtico humanismo en todas las realidades en las que estábamos llamados a ser fermento y pioneros.

Si nos situamos ahora en nuestro momento histórico, segunda década del siglo XXI, vemos que practicar una espiritualidad, vivir y transmitir una fe viva; transmitir, especialmente a la generación joven, la conciencia de un Dios que interviene en la historia, un Dios que es una realidad viva, es cada vez más difícil. Más todavía cuando no hay acuerdo generalizado respecto a una categoría de valores y a lo que llamamos "orden de ser", es decir, la existencia de una ley natural, impresa por el Dios vivo en las creaturas que él creó.

2.6. Nuestra respuesta

¿Cuál es nuestra respuesta a estas realidades? En nuestros pueblos, pensando especialmente en Hispanoamérica, en general aún se cuenta con una mayoría creyente. Pero, la vivencia de la fe a menudo es mayormente devocional; se limita a conservar ciertas prácticas religiosas como bautizar a los niños, hacer la Primera Comunión, asistir a misa; en general, participar en la celebración de los sacramentos.

Por otra parte, también abunda una piedad que, a menudo, se limita a lo emocional y utilitario recurriendo, por ejemplo, a la Virgen o a distintos santos, para pedirles favores y milagros.

En el actual ambiente cultural, cada vez más creyentes experimentan la dificultad de lograr que sus hijos practiquen su misma fe.

Personas comprometidas con la Iglesia a menudo practican una fe moralista. Buscan imitar a Cristo o a la Virgen María centrando su empeño en adquirir virtudes que ellos encarnan. Cumplen con los mandamientos y realizan prácticas religiosas, sin embargo, el contacto o trato personal con el Dios vivo, en medio del trabajo que realizan, con frecuencia, no es tan profundo.

Otros creyentes piensan que es necesario aclarar más la doctrina y predicarla combatiendo los errores doctrinales y morales que existen en la sociedad y la cultura actuales.

Estas y otras tendencias semejantes hacen difícil transmitir una fe viva, en especial a la juventud, que tiende a seguir fácilmente la corriente reinante. En otras palabras, parece haberse acabado la fe transmitida por herencia.

Cada uno podrá analizar, en su propio ámbito, qué es lo que sucede en concreto con la vida de la fe en medio de las realidades temporales que debe enfrentar hoy día.

De parte de la Iglesia, más allá del Concilio Vaticano II, una declaración clara en relación con este desafío es la hecha por el papa Benedicto XVI en su primera Encíclica *Deus Caritas est*:

> *Hemos creído en el amor de Dios; así puede expresar el cristiano la opción fundamental de su vida. No se comienza a ser cristiano por una decisión ética o una gran idea, sino por el encuentro con un acontecimiento, con una persona, que da un nuevo horizonte a la vida y, con ello, una orientación decisiva. (n. 2)*

Las preguntas son cómo vivir esa fe y cómo transmitirla.

Podemos atribuir la dificultad al influjo de la cultura que existe por doquier y a las carencias o debilidades que manifiesta la Iglesia, especialmente en relación con el clero. Podemos dar estas y otras explicaciones; sin embargo, abordar positivamente estos desafíos, sin duda no es fácil.

Es en este contexto donde aparece con mayor nitidez el aporte del fundador de Schoenstatt.

El carisma del P. Kentenich precisamente se centra en una espiritualidad y pedagogía de la fe que unen lo natural y lo sobrenatural, superando así el divorcio entre fe y cultura.

2.7. Signos de esperanza

Hemos señalado, al explicar los factores que inciden en la cultura actual, las aristas débiles que esta muestra y, de modo semejante, tocamos las falencias que mostramos como cristianos en nuestra vida de fe.

Destacamos esto porque de esta forma se podía visualizar mejor la novedad de lo que propone el P. Kentenich. Sin embargo, ello no nos impide ver los extraordinarios progresos que ha habido en el mundo de la ciencia, de la técnica y de la justicia social.

Sin duda, en muchos aspectos hay formidables y valiosos progresos tendientes a construir un mundo más humano y más fraterno.

Por otra parte, respecto a la misma Iglesia, señalamos cómo, ya a comienzos del siglo XX, empieza a generarse una nueva forma de vivir la fe, esta vez sin abandonar el mundo sino tratando de vivir una santidad en medio de las realidades temporales.

El P. Kentenich fue un pionero en relación a este cambio. Ciertamente él no está solo. Son muchas las comunidades laicales y religiosas que han asumido ese desafío. Tal como sucedió con san Francisco de Asís o san Ignacio de Loyola: en su tiempo surgieron otras iniciativas que iban en la misma dirección de lo que estos fundadores proponían.

La tarea apostólica que asumimos como Movimiento de Schoenstatt es extraordinariamente importante. Schoenstatt, como un Movimiento "en salida", tendría que jugarse en todos los campos señalados, contando con apóstoles compenetrados con el carisma kentenijiano, juntando sus fuerzas con otros que también quieren ser fermento de un nuevo orden cristiano de la sociedad.

Debe ser un grupo de cristianos que creen en el Dios que nos creó y redimió; que imprimió su sello en todo lo creado dándole sentido; que más allá de crear el mundo está presente ahora en él. Un Dios que nos hizo libres y que nos llama a realizar con él su plan creador y redentor, dando forma así a su reinado en el mundo.

El Espíritu Santo ha soplado fuertemente en la Iglesia, especialmente a través de los Movimientos eclesiales y de lo que cada uno de ellos aporta a la renovación de la Iglesia y de la sociedad según su propio carisma, complementando así el aporte de todos aquellos que buscan también la renovación profunda de nuestra Iglesia.

Nos adentraremos ahora más profundamente en la propuesta del P. Kentenich, la cual posee un acentuado sello mariano y patrocéntrico, que expresa y posibilita el cultivo de una auténtica armonía entre lo natural y lo sobrenatural. Abordaremos en primer lugar la propuesta mariana de nuestro padre fundador.

III. UN CARISMA MARCADAMENTE MARIANO

1. HORIZONTE DE LA ESPIRITUALIDAD MARIANA

Al iniciar estas reflexiones, nos hicimos la pregunta respecto a la afirmación del fundador de Schoenstatt, en 1929: *A la sombra del santuario se van a codecidir por siglos los destinos de la Iglesia y del mundo.*

Tras lo expuesto anteriormente, esta afirmación puede ser mejor comprendida.

El fundador de Schoenstatt no profetizaba, en su tiempo, una utopía, sino que había visualizado una problemática de fondo, marcada por un estilo de espiritualidad que justamente dificultaba la unión armónica de naturaleza y gracia.

La cultura que se generó a partir del Renacimiento profundizó aún más esta separación.

Teniendo presente este trasfondo abordaremos ahora, más de cerca, el carisma de nuestro padre fundador.

Lo que él enseñó y vivió respecto a María constituye un elemento esencial de su carisma. Su visión de María está íntimamente relacionada con la armonía entre naturaleza y gracia, tanto en la espiritualidad como en la pedagogía de la fe.

El fundador de Schoenstatt nos entrega una nueva visión de María, una nueva forma de relacionarnos con ella y una nueva manera de realizar el apostolado con la impronta mariana.

Su visión y su propia experiencia mariana constituyen elementos esenciales de su propuesta.

Schoenstatt es conocido en la Iglesia, en primer lugar, como un Movimiento mariano y en verdad lo es. Sin embargo, en el pueblo cristiano, existe una gran variedad respecto a la imagen de María, a la devoción que se le profesa y a las formas del apostolado mariano que se ejerce.

Desde los primeros siglos de la era cristiana, surge en la Iglesia la veneración a la Virgen María. Recuérdese, por ejemplo, a san Efrén, padre de la Iglesia, y a la proclamación del dogma de la Virgen María como "Madre de Dios.[3]

---

3 El Concilio de Éfeso proclamó a María Madre de Dios encarnado en Jesucristo. Fue el primer dogma mariano de la Iglesia y, a su vez, creído y enseñado antes de ser proclamado dogmáticamente en Éfeso. El Tercer Concilio Ecuménico, realizado en Éfeso, decretó esta doctrina dogmáticamente en el año 431.

Durante la Edad Media, se constata un florecimiento de la piedad mariana cuyo máximo representante es san Bernardo de Claraval (1090-1153), quien postula que María, el camino a través del cual nos llegó la gracia del Redentor, debe ser también el camino que nos lleve a Cristo Jesús.

En la Iglesia surgieron innumerables comunidades marcadas con el sello mariano.

Lutero y la presencia del protestantismo redujeron la imagen y la devoción de María a un minimalismo que se limitaba a mostrarla como Madre de Jesús en el plano biológico. La influencia protestante se hizo notar especialmente en los pueblos anglosajones. En cambio, en el mundo latino, ha continuado hasta nuestros días una viva devoción mariana y presencia de María.

En la primera mitad del siglo XX, se profundiza en la Iglesia la imagen bíblica de María y muchos teólogos destacan su rol no solo como Madre, sino también como Medianera de gracias y ejemplo vivo del seguimiento de Cristo, como segunda Eva, junto al Redentor, el segundo Adán.

Cabe destacar el notable aporte del libro de san Luis María Grignion de Montfort, *Tratado de la verdadera devoción a la Santísima Virgen*, que, sin duda, ejerció una gran influencia en los amantes de María [4]. Tras haberse extraviado, el manuscrito de este libro, fue descubierto después de 130 años y, posteriormente, reconocida su autenticidad y pureza doctrinal por el papa Pío IX, en un decreto del 12 de mayo de 1853, un año antes de ser promulgado el dogma de la Inmaculada Concepción.[5]

____

4 El papa san Juan Pablo II se reconoció deudor de Grignion de Montfort al adoptar como lema episcopal *Totus tuus*, fórmula de consagración a María del fundador francés y uno de sus lemas marianos. Asimismo, expresó en la encíclica *Redemptoris Mater* que le era grato recordar "la figura de San Luis María Grignion de Montfort, quien proponía a los cristianos la consagración a Cristo por manos de María, como medio eficaz para vivir fielmente el compromiso del bautismo". El pontífice polaco señaló también: "Bajo la guía sabia de san Luis María comprendí que, si se vive el misterio de María en Cristo, ese peligro no existe. En efecto, el pensamiento mariológico de este santo 'está basado en el misterio trinitario y en la verdad de la encarnación del Verbo de Dios' ". También afirmó: "La doctrina de este santo ha ejercido un profundo influjo en la devoción mariana de muchos fieles y también en mi vida. Se trata de una doctrina vivida, de notable profundidad ascética y mística, expresada con un estilo vivo y ardiente, que utiliza a menudo imágenes y símbolos". (Ver RM, 48). El P. Kentenich se refiere ampliamente a Grignion de Montfort en su *Carta a José*, publicada por Ed. Nueva Patris, bajo el título de Espiritualidad de la Alianza.

5 El dogma de la Inmaculada Concepción de María fue proclamado por el papa Pío IX el 8 de diciembre de 1854, en su bula *Ineffabilis Deus*, que sostiene que la beatísima Virgen María fue preservada inmune de toda mancha de la culpa original en el primer instante de su concepción por singular gracia y privilegio de Dios omnipotente, en atención a los méritos de Cristo Jesús Salvador del género humano".

Las apariciones de la Virgen en Lourdes (1858) y luego en Fátima (1917) reavivaron la devoción mariana en el pueblo creyente.

A esto se suma el aumento de la devoción mariana por la declaración del dogma de la Inmaculada Concepción de María (1854) y luego del dogma de la Asunción de María a los cielos (1950).

El Concilio Vaticano II es el primer Concilio que nos brinda, en la *Constitución Apostólica sobre la Iglesia*, una visión completa de la enseñanza de la Iglesia sobre María.

Sin embargo, tras el Concilio, especialmente en grupos influidos por la teología de la liberación o bien preocupados por despertar en la Iglesia la importancia de promover la justicia social, se tendió a ver la devoción mariana como una especie de alienación. Se pensaba que la devoción a María representaba un refugio que calmaba las conciencias respecto a las injusticias sociales.

Por otra parte, aparecieron también quienes mostraban a María como una revolucionaria que proclamaba el derrocamiento de los poderosos y el levantamiento de los pobres, haciendo referencia al Magníficat.

Más allá de esto, se podía constatar claramente que la devoción mariana que existía en nuestros pueblos no había sido suficientemente clarificada ni aplicada a las nuevas realidades culturales y a los desafíos que se estaban viviendo.

En muchos lugares, además, se ha producido una especie de "endiosamiento" de la persona de María. Se echa de menos especialmente el destacar su relación con Cristo, que es quien da sentido a todo su ser y a su misión.

De esta forma, ciertos tipos de piedad mariana a menudo manifiestan el divorcio entre fe y vida al cual nos referimos anteriormente.

A esta carencia de renovación y orientación pastoral respecto a la devoción mariana de nuestros pueblos, responde con gran lucidez la Exhortación Apostólica del papa Pablo VI, *El culto a María*[6], publicada después del Concilio, la cual aborda con mucha claridad y profundidad esta temática. En este documento, Pablo VI se refiere a que, a menudo, se ha practicado en el pueblo católico, una piedad mariana extra-bíblica, extra-eclesial, extra-litúrgica, insuficientemente insertada en una piedad trinitaria, en Dios Padre, en Cristo Jesús y en el Espíritu Santo. Aboga por una revisión profunda en ese sentido. Y, por otra parte, por primera vez en un documento oficial de la Iglesia, se menciona la dimensión antropológica de la piedad mariana.

Transcurrido ya medio siglo, la actualidad de este escrito está enteramente vigente. Lamentablemente, muchos católicos lo desconocen.

Por último, mencionemos otro importante escrito publicado después del Concilio Vaticano II: *El Documen-*

____

6 *Marialis Cultus, 2 de febrero de1974.*

to de Puebla [7], en el cual aparece, con mucha claridad, una imagen renovada de María y de la piedad mariana, especialmente de la piedad popular.

Para concluir esta breve reseña, citamos un párrafo central de este último documento en el cual se puede constatar la coincidencia que existe entre este texto y la enseñanza del P. Kentenich:

> *Según el plan de Dios, en María "todo está referido a Cristo y todo depende de él" (MC, 25). Su existencia entera es una plena comunión con su Hijo. Ella dio su sí a ese designio de amor. Libremente lo aceptó en la Anunciación y fue fiel a su palabra hasta el martirio del Gólgota. Ella fue la fiel acompañante del Señor en todos sus caminos. La maternidad divina la llevó a una entrega total. Fue un don generoso, lúcido y permanente. Anudó una historia de amor a Cristo íntima y santa, única, que culmina en la gloria. (DP, 292)*

Teniendo presente este trasfondo histórico, será posible comprender mejor la propuesta mariana de nuestro padre y fundador.

Desde el inicio de su actividad sacerdotal aparece la visión de María y la espiritualidad que se refleja en lo que, posteriormente, el Concilio Vaticano II, Paulo VI y la *Conferencia de Puebla* enseñan sobre María.

---

7 *El Documento de Puebla* contiene las Conclusiones de la III Conferencia General del Episcopado Latinoamericano, celebrada en Puebla, México, 1979.

2. UNA PROFUNDA VIVENCIA DEL AMOR A MARÍA

El marianismo del P. Kentenich no partió de una elaboración ideológica sobre María. Lo primario fue la experiencia mariana de nuestro padre fundador. Ciertamente en los años de estudio y posteriormente sí lo hizo.

Es el mismo P. Kentenich quien dice que él leyó en la persona de María, vitalmente, lo que luego nos entregó sobre el mundo de la armonía entre naturaleza y gracia, entre el actuar de Dios y del hombre.

Adentrémonos un poco en este proceso.

En su hogar, junto a su madre y sus abuelos maternos, sin duda que el pequeño José recibió de ellos el don del amor a la Virgen María. Pero la relación con ella adquirió una dimensión extraordinariamente profunda como regalo gratuito del Dios vivo.

Lo que más determinó el proceso de encuentro con ella fue el hecho de que, cuando niño, su madre, debió dejarlo en el Orfanato de Oberhausen, el 12 de Abril de 1894.

Para el niño, este hecho constituye un acontecimiento clave que dejó una profunda y duradera impronta en su alma. En una conferencia dada a los jóvenes seminaristas de la primera generación, les relata, en tercera persona, este acontecimiento que caló hondo y para siempre en su corazón.

Como se trata de una vivencia personal, lo más adecuado nos parece citar los textos en los cuales él mismo relata esta vivencia. Leemos lo siguiente:

> *Hace varios años, en la Capilla de un orfanato, vi una estatua de la Santísima Virgen con una cadena de oro y una cruz al cuello. Cadena y cruz eran recuerdos de Primera Comunión de una madre que, a consecuencia de difíciles circunstancias familiares, se vio obligada a dejar a su único hijo en ese orfanato.*

> *Ella misma ya no podía ser mamá para él. ¿Qué puede hacer en la angustia de su corazón y en su preocupación...? Va, toma el único valioso recuerdo de su infancia, el recuerdo de su Primera Comunión, y lo pone en el cuello de la Virgen suplicando con insistencia: "¡Educa tú a mi hijo! ¡Sé para él plenamente Madre! ¡Cumple tú en mi lugar los deberes de madre!*

> *Hoy, este hijo es un sacerdote de mucho celo y trabaja fecundamente para gloria de Dios y de su Madre celestial.*[8]

> *Desde entonces, María pasó a ser para él su madre y educadora, y lo llevó a descubrir en ella la visión del hombre nuevo que debería iluminar la trayectoria de la Iglesia en los siglos futuros.*

> *En esos años, el alma se mantuvo de alguna manera en equilibrio, gracias a un amor personal y profundo a*

---

8 Ver: *Bajo la Protección de María*, 3.05.1914.

María. Las experiencias vivenciales de aquel entonces me llevaron a formular más tarde la afirmación:

La Santísima Virgen es por excelencia el punto en el que se entrecruzan lo terrenal y lo celestial, la naturaleza y la gracia... Ella es la balanza del mundo, es decir, ella, por su ser y su misión, mantiene al mundo en equilibrio'.[9]

Citamos otro texto que escribió en Milwaukee. Dice así:

Ella no ocupa este lugar en mi vida desde ayer o anteayer. Desde tiempos inimaginables, ella está presente en mi vida consciente, desde esta perspectiva. Es difícil comprobar a partir de qué instante comencé a considerarme y a valorarme totalmente como su obra y su instrumento. Este proceso se puede rastrear hasta los más tempranos días de la infancia (...)

En cuanto fuese posible, quería depender solo de la Santísima Virgen. Aquí, naturalmente, me refiero a la Santísima Virgen siempre como símbolo y en relación con Cristo y el Dios Trino. Muchas veces en los años pasados me vi como un ermitaño en un gran desierto, pero en todo momento unido a la Santísima Virgen, como la gran Maestra de mi vida interior y exterior. Desde que la Familia nació, mi más importante propósito fue conservarla en íntima vinculación con la Santísima Virgen.

---

9 *Baustein*, 1955.

La Santísima Virgen personalmente me formó y modeló desde los nueve años... Todo lo que se ha gestado a través de mí, se ha gestado gracias a nuestra Madre tres veces Admirable de Schoenstatt.10

Pienso, en primer lugar, en una jaculatoria que lentamente fue surgiendo en mí y cuyos orígenes se remontan a mi primera infancia. Se trata de una oración que yo mismo formulé cuando era niño. Más tarde se formuló en latín. Siempre me arrodillaba y rezaba esa oración:

> *Dios te salve, María,*
> *por tu pureza*
> *conserva puros mi cuerpo y mi alma;*
> *ábreme ampliamente tu corazón*
> *y el corazón de tu Hijo.*
> *Dame almas y todo lo demás tómalo para ti.*

No resulta difícil descubrir en esta oración la raíz de la que luego surgió y se alimentó la espiritualidad de la Familia.

Al analizar los planes divinos con mi persona en estos años, siempre lo hice íntima y profundamente unido a la Mater ter Admirabilis en el fondo de mi alma, aun aquellas veces en que exteriormente no lo señalase. Tan marcadamente se desarrolló en mí la conciencia de misión y de instrumento de María.

---

10 Conferencia con ocasión de la celebración de las Bodas de plata sacerdotales del P. Kentenich, el 11.08.1935. Inédita.

> *En toda mi actividad, nunca puse a mi persona ni a mis propios proyectos en primer plano sino que siempre a la Santísima Virgen en su ser, en su misión y en su obra, más tarde, por supuesto, en unión con Schoenstatt, como lugar y familia.*[11]

> *Jamás ustedes se darán cuenta con qué profundidad y fervor amo a la Santísima Virgen… Nunca hago algo separado de ella.*[12]

¿Qué hay tras de todo esto?

La fuerza del amor personal. El P. Kentenich lo expresa en un principio:

> *Por la vinculación, por el vínculo con María, ir hacia la actitud mariana.*

Nosotros nos sumergimos en el corazón de María y como ella encarna este mundo donde lo natural y lo sobrenatural se unen y conjugan armónicamente, también nosotros vivimos ese mundo, que pasa a ser nuestro.

Otras vivencias que él tuvo en sus crisis de juventud le permitieron captar con mayor claridad que lo que había sucedido con él y María tenía una importancia transcendental.

---

11 *Baustein,* 1955.

12 *Conferencia para Hermanas de María de Schoenstatt,* Nueva Helvecia, Uruguay, 21.08.1947, inédita.

Citemos ahora otro texto que se refiere explícitamente a esto:

¡Desvalimiento! Si recuerdo cómo todo ha ido creciendo: todo es un regalo extraordinariamente grande que el Padre Dios me ha dado: la mentalidad orgánica opuesta a la manera de pensar mecanicista. Esta fue la lucha personal de mi juventud. En ella pude vencer aquello que hoy conmueve a Occidente hasta en sus raíces más profundas. Dios me dio inteligencia clara. Por eso tuve que pasar durante años por pruebas de fe. Lo que guardó mi fe durante esos años fue un amor profundo y sencillo a María. El amor a María regala siempre, de por sí, esta manera de pensar orgánica. Las luchas terminaron cuando fui ordenado sacerdote y pude proyectar, formar y modelar en otros, el mundo que llevaba en mi interior. El constante especular encontró un saneamiento en la vida cotidiana. Este es además el motivo por qué conozco tan bien el alma moderna, aquello que causa tanto mal en Occidente. ¿A quién debo agradecer todo esto? Viene de arriba. Sin duda, de la Santísima Virgen. Ella es el gran regalo. De este modo pude, además de la enfermedad, experimentar también en mi propia persona, y muy abundantemente, la medicina...

La misión tan manifiesta de Schoenstatt para el Occidente, especialmente para nuestra patria, frente al colectivismo que avanza poderosamente y que destru-

ye todo, se encuentra frente a un muro que solo puede ser abierto si se aleja y vence el mencionado bacilo.[13]

El P. Kentenich elabora esto ideológica y doctrinalmente, y luego lo entrega y aplica, pero en último término toda su espiritualidad y pedagogía se remontan a su vivencia de María.

Nuestro padre constantemente cita el texto de la encíclica de Pio X, publicada el 2 de febrero de 1904,, en la cual afirma: *"Dado que alcanzamos a través de María un conocimiento vital de Cristo, por María también logramos más fácilmente aquella vida cuya fuente e inicio es Cristo".* Por esto él destaca ese "conocimiento vital de Cristo."

3. UNA ESPIRITUALIDAD AVALADA POR LA PALABRA DE DIOS

Más allá de lo expuesto, podemos preguntarnos dónde leyó el P. Kentenich y descubrió que María encarnaba la armonía de naturaleza y gracia.

Es indudable que su experiencia estaba avalada por la meditación de la Palabra de Dios y, muy concretamente, en los textos que se referían a la Virgen María.

Que él vivía y se alimentaba de la Palabra de Dios no cabe duda. Basta para comprobarlo leer su libro de

____

13 *Plática del 31 de Mayo de 1949*, n. 14 y 15.

oraciones *Hacia el Padre* donde esto se puede apreciar con mucha claridad.

Por eso creemos que, el reflexionar sobre algunos pasajes marianos del Evangelio, puede ayudarnos a entender mejor la conclusión a la cual él llegó: ver a María como signo de una santidad en medio del mundo y como voluntad del Dios que nos redime, requiriendo nuestra cooperación.

Revisemos el pasaje de la Anunciación. ¿Qué nos dice esta escena? Que Dios interviene en la historia y que interviene a través de personas. Y, mas todavía, personas a quienes él solicita su libre consentimiento.

El ángel que Dios envía llama a la Santísima Virgen la "plena de gracia", predilecta de Dios. Luego, el ángel Gabriel le explica lo que viene a proponerle. Y ella, ¿qué hace? Ante la propuesta del ángel piensa, discurre, pregunta cómo será aquello.

Le expresa que ella había hecho una elección, al parecer incompatible con lo que le decía el ángel. Después de escuchar la explicación que le da el arcángel Gabriel, en el claroscuro de la fe, ella decide, dando su sí que mantendrá durante toda su vida. (cf. Lc. 1, 26-38)

Dios interviene en la historia, pero no es un Dios que simplemente nos dicta lo que debemos hacer. Y no solo eso; ese Dios "histórico" solicita nuestra cooperación.

Llama la atención la personalidad autónoma y clara de la Virgen. Ella no da simplemente su sí; lo hace con plena libertad.

¿Qué hace después la Virgen? ¿Se queda rezando, meditando a solas? No. Parte presurosa a través de la montaña, aun siendo una jovencita, y recorre más o menos cien kilómetros de distancia ella sola, probablemente a pie y, en el mejor de los casos, en una caravana. ¿Para qué? ¿Para contar lo sucedido? No, va a hacer un servicio netamente humano: va a acompañar y ayudar a su anciana prima Isabel que está encinta. Y, en el momento en que dé a luz, ella le ayudará, ocupándose, al mismo tiempo, de los quehaceres domésticos y de Zacarías, el esposo de Isabel. María será la partera.

¿Y qué pasa al llegar María a casa de su prima? Saluda a Isabel, como cualquiera lo hace al llegar a una casa. Isabel se llena del Espíritu Santo, reconociéndola como la Madre elegida del Mesías. (cf Lc. 1, 39-56)

Entonces se da una unidad extraordinaria de lo divino y de lo humano. María abre su corazón y se muestra alegre, feliz… ¿Por qué?

> *Porque el Señor ha hecho grandes cosas en mí… Él que es Poderoso ha mirado mi pequeñez… (cf. Lc. 1,48)*

Esta es la concepción que ella tiene de sí misma. Ella está llena de alegría porque Dios ha actuado en ella.

También se refiere a la historia de la salvación, al Dios misericordioso que ha actuado en la historia de su pueblo, de generación en generación.

Está consciente de la historia de su pueblo, de las intervenciones de Dios en él, de su fidelidad, de generación en generación.

¿Quién es el Dios que había descubierto María? Es el Dios de la historia. Se trata de una fe existencial; no es simplemente una fe de mandamientos, no es una fe de principios, no es simplemente una devoción. Eso es lo que vio en ella el P. Kentenich.

¿Y después, qué pasa? Otra escena: El nacimiento de Jesús, Dios y hombre, en Belén. Pensemos en María cuando tomaba en sus brazos y amamantaba a su hijo… ¿Cómo lo amaba? ¿Con un amor sobrenatural? Por supuesto ¿Y con un amor natural? Por cierto. ¿Un amor instintivo? Por supuesto… Un amor en el cual no se puede discernir si, en un momento, está como Madre de Dios y, en otro, como Madre de Jesús, con un amor instintivo, afectivo. Es un amor pleno, que abarca todas las posibilidades del amor divino y del amor humano, cuando abraza a su hijo. Ese es el amor de María, así ama María.

Pensemos ahora en la escena de la pérdida del Niño Jesús en el templo, cuando ella y José buscan angustiados a su hijo. Lo encuentran en el templo y reciben una respuesta desconcertante. (cf. Lc. 2, 41-51)

Así es Dios: un Dios que nos exige caminar en el claroscuro de la fe. A menudo quisiéramos tener todo claro, pero no es así. Es cierto que Dios interviene, pero no nos dice todo, no nos da un manual para hacer esto o lo otro. María tampoco entiende todo en ese momento, ¿Qué hace? Medita en su corazón qué significado podría tener ese acontecimiento. En el lenguaje kentenijiano, ella medita los acontecimientos de la vida, hace una "meditación de la vida".

¡Vivió años con Jesús y José! ¡Ella, que es Reina de todos los santos, la cúspide de la humanidad, de la creación! ¡No existe ser humano alguno superior a ella! ¿Treinta años perdiendo el tiempo? ¿Por qué no hizo otra cosa? ¿Por qué Cristo no hizo otra cosa? Podría haberlo hecho.

Algo quiere decirnos Dios con esta vida oculta. En nuestro lenguaje, nos habla de la santidad de la vida diaria, del día de trabajo, de la vida en el taller de Nazaret, de la vida como la familia de Nazaret. Ese tipo de santidad es lo que necesitamos hoy.

Estas son las vivencias que va descubriendo el P. Kentenich.

Entretanto, él estaba estudiando teología y veía otra manera de vivir la fe que no calzaba con lo que descubría en la vida de María, contemplándola a ella.

Si observamos la escena de Caná, podemos ver a María como una persona extraordinaria, tan libre, tan centrada, tan aterrizada… Está en una fiesta de novios y se da cuenta que les falta vino. Entonces interviene, actúa, se acerca a Jesús y le dice que falta el vino. Al parecer su hijo no quiere intervenir. Sin embargo, mirando a María y lo que ella le pedía, decide actuar y Jesús, su hijo, actúa. (cf. Jn.2, 1-8)

Y luego, en el Gólgota, ella está allí junto a la cruz, junto a su Hijo que se ofrecía por la redención de la humanidad, viviendo el dolor más grande que puede tener una madre. Con el Señor ofrece su corazón traspasado por nosotros. Está al pie de la cruz como la Nueva Eva, uniendo su ofrenda a la ofrenda del Señor.

De este modo, ella realiza con plenitud lo que dice san Pablo, *"suplo en mi carne aquello que falta a la cruz de Cristo"* (Col 1, 24-28). Es decir, nuestro propio dolor.

Desde lo alto de la cruz, el Señor le dice a Juan: *"Ahí tienes a tu madre"*. Y a María: *"Ahí tienes a tu hijo"*.(cf. Jn. 19,27) Y Juan la recibió en su casa. Esas palabras son decisivas. Lo que hizo Juan, recibirla en su casa, en su corazón, vivir con ella, es lo que también el P. Kentenich y nosotros queremos hacer.

Después se queda con los apóstoles, los anima, los reúne, implora con ellos el Espíritu Santo. Lo atrae y lo recibe. Lo comparte con los apóstoles que están desanimados y carentes de fuerza. Lo transmite, así como lo hizo con su prima Isabel.

Ciertamente que ella no está entre ellos como la representan muchos artistas. Está en medio de ellos, sirviendo, dando ánimo y, por cierto, también implorando para que descienda el Espíritu Santo. Y ellos cambian y salen a predicar el Evangelio llenos del Espíritu Santo, ahora con una sabiduría y valentía que asombran y no temen.

Ella es la Medianera que hoy día sigue estando al lado del Señor, trabajando con él y ayudándonos en este valle de lágrimas, como dice una oración mariana que viene del siglo XI.

Esta es la experiencia vital que tuvo nuestro padre fundador en cuyo corazón ardió un gran amor por María. Ciertamente que comparó lo que veía en María con lo que sucedía en el tiempo actual y, por otra parte, lo que se enseñaba normalmente de ella en los estudios de teología.

Comprendió que el nuevo tiempo debía adquirir una nueva impronta mariana que renovase la piedad mariana y que diera respuesta al tiempo actual.

Se requería una espiritualidad, como la de María, quien vivió la fe en medio de las realidades temporales, de las pruebas y preocupaciones que ello conlleva. En otras palabras, de alguien que vivió plenamente la armonía de Dios y mundo, actividad de Dios y propia actividad.

En este sentido, el P. Kentenich hace suya la expresión de san Vicente Pallotti: *"Ella es la Gran Misionera, ella hará milagros"*. No tanto milagros extraordinarios, que también los hace, sino aquellos milagros que nosotros imploramos en nuestros Santuarios: milagros de arraigo en Dios, de transformación interior y de fecundidad apostólica. Es otra manera de vivir la fe.

4. UNA NUEVA IMAGEN, ESPIRITUALIDAD Y PASTORAL MARIANAS

4.1. Una nueva imagen de María

a. Una imagen integral e integrada de María

La imagen de María que posee nuestro padre y fundador se basa en lo que la Sagrada Escritura y la tradición de la Iglesia nos dicen de ella. Coincide especialmente con lo que nos entregan sobre ella el Concilio Vaticano II, los documentos de Paulo VI y la Conferencia de Puebla.

Se trata de una visión integral e integrada de la Virgen María, estrechamente unida a Cristo.

> *María es una persona plenamente humana sumergida en el misterio de Cristo Jesús y, a través de él, en Dios Padre y en el Espíritu Santo y, por otra parte, en el misterio de la Iglesia, alma del mundo.*

Cuando el P. Kentenich da una definición de la imagen de María, dice lo siguiente:

> *María es la Compañera y Colaboradora de Cristo en toda la obra de la redención: al inicio, como su madre; en su cumbre, en el Gólgota, teniéndola al pie de la cruz, él ofreciéndose con ella al Padre Dios; y, luego, como Medianera de todas las gracias y Madre de la Iglesia.*

Por eso él se refiere siempre a la *bi-unidad* de Cristo y María. Su imagen de María es marcadamente trinitaria e integrada en la vida de la Iglesia.

Esta visión de María gravita esencialmente en su relación con Cristo Jesús. Todo lo que es y hace María, proviene de Cristo, de su "bi-unidad" con él.

Ella coopera en la redención que el Señor nos trae. Y él nos regala la gracia que nos hace hijos de Dios y miembros de su Cuerpo. Y, al mismo tiempo, la gracia que sana nuestra naturaleza humana, herida por el pecado original y personal.

Así, la redención no se reduce solo a su dimensión crística y trinitaria, sino también a la gracia que nos sana y eleva nuestra naturaleza: nos hace más humanos.

La visión del P. Kentenich sobre María, sumergida en el misterio de Cristo, evita que nos concentremos unilateralmente en ella.

A veces se nos dice que los schoenstatianos destacamos tanto el rol de María que dejamos a Cristo de lado. Si esto fuese así, significaría que los que pertenecemos al Movimiento de Schoenstatt no seguimos cabalmente lo que nos enseña el fundador.

Por otra parte, la visión kentenijiana de la Virgen María evita igualmente que desarrollemos una piedad mariana que solo ve a María como madre nuestra, como aquella que nos acoge y ayuda en nuestras necesidades. Evita así una devoción "milagrera" a la Virgen María.

Ella no es simplemente la Inmaculada, que fue concebida sin pecado, sino que su ser inmaculado corresponde a que ella fue elegida de forma especialísima como Madre y Compañera del Señor, como la segunda Eva junto al nuevo Adán, que es Cristo Jesús.

Por otra parte, la imagen de María que muestra el P. Kentenich es mucho más que un ejemplo de esas virtudes que, por ser sus hijos, debemos encarnar. Evitamos así caer en lo que se denomina "tipologismo mariano", o, en otras palabras, un moralismo mariano.

Nuestro padre proclama una imagen de María que es un llamado a la acción, a cooperar con Cristo, a asociarnos con ella y capacitarnos para trabajar como y con ella en la redención y construcción del Reino de Dios aquí en la tierra. De este modo, obviamos caer en un pasivismo carente de iniciativa y compromiso con la obra del Señor.

Ella es madre nuestra y madre de la Iglesia. Es el signo visible de lo que debe ser la Iglesia.

No podemos detenernos ahora más en detalle en todo este mundo de María. Es tarea de cada uno de nosotros hacerlo.[14] Sin embargo, nos detendremos en una

---

14 Entre otros libros, se puede consultar la colección *"Mariología kentenijiana"*, publicada en Editorial Nueva Patris.

dimensión de la imagen de María que destaca nuestro padre y fundador.

b. María como Vencedora de las herejías antropológicas

Más allá de lo expuesto, el P. Kentenich describe la imagen de María como *"Vencedora de las herejías antropológicas de nuestro tiempo"*.

Esta visión de la Virgen María que nos entrega el padre fundador ciertamente es novedosa e importante y es menos tratada que las otras dimensiones de la imagen de María.

El gran desafío que hoy enfrentamos como Iglesia es dar respuesta a una cultura alejada del Dios vivo, siendo alma de un humanismo donde resplandezca la armonía de naturaleza y gracia.

Si buscamos esto, afirma el P. Kentenich, entonces debemos dirigir la mirada hacia la gran señal que Dios hace brillar en el cielo:

> *Una mujer vestida del sol, la luna bajo sus pies y en la cabeza una corona de doce estrellas (Ap.12, 1).*

El P. Kentenich afirma que la Santísima Virgen se estableció en el Santuario de Schoenstatt para mostrarse, desde allí, como la *Vencedora de las herejías antropológicas*.

¿Cuáles son estas herejías? Son aquellas que se refieren al hombre, al ser humano.

Anteriormente se discutió, por ejemplo, sobre herejías en torno a la divinidad de Cristo, a la eucaristía, sobre María como Madre de Dios. Lo que ahora está en cuestión son las herejías que se refieren al hombre, a la identidad de género, al matrimonio, a la concepción de una nueva vida, a la eutanasia, etc.

Citamos tres textos en que el padre fundador se refiere a esta dimensión de nuestra imagen de María.

En primer lugar, un texto de la Segunda Acta de Fundación, de 1939. Es la época en la cual imperaba el nazismo. El P. Kentenich está en Suiza. Dice nuestro padre:

> *Si tomamos en serio el servicio apostólico a la Santísima Virgen y nos entregamos con toda el alma a propagarlo, esperamos ser dignos de apresurar los tiempos en que la Iglesia pueda cantar: "También has triunfado sobre las herejías antropológicas de estos tiempos, y has implantado el nuevo orden cristiano en la sociedad." (...)*

Se trata de una nueva cultura. Lo que aquí afirma el P. Kentenich es bastante categórico.

> *Desde este punto de vista, María es para nosotros, en su plenitud personal, el punto de convergencia clásico entre lo natural y lo sobrenatural. Ella es la maravillosa encarnación de la unión armónica*

entre naturaleza y gracia y, por lo tanto, representante y garantía de una ascética y pedagogía orgánicas.

Antes no se usaba tanto la palabra espiritualidad sino ascética.

Por haberla colocado en este sitio en nuestro pensar, querer y proceder, hemos permanecido en estrecho contacto, no solamente con Dios, sino con los hombres y con la vida, y hemos sabido orientarnos con una seguridad serena y sencilla a través de las corrientes extremistas, tanto dentro como fuera de la Iglesia.[15]

Es decir, el P. Kentenich afirma que la persona de María fue garantía de la nueva espiritualidad, y que, tenerla a ella, le ayudó a no desviarse por caminos equivocados.

Consideremos que esto lo dice nuestro padre en los años treinta. Es bastante profético: hoy día estamos enfrentando y viviendo estas herejías antropológicas, que son mucho más patentes que en aquel entonces; estamos sumergidos en ellas.

El segundo texto es del año 1949. Después de los años pasados en Dachau, el padre fundador ha llegado al convencimiento de que lo vivido, especialmente con las Hermanas de María, estando él en la cárcel de Coblenza y luego en el Campo de Concentración de Da-

——————

15 *Documentos de Schoenstatt, Segunda Acta de Fundación,* nn. 84 y 87.

chau, había probado la profundidad de la entrega en la alianza de amor con María y, por otra parte, el que la obra de Schoenstatt debía ser acogida y comprendida por la Iglesia, especialmente por la jerarquía. Tras intentarlo y haber iniciado los viajes al extranjero, este intento se ve frustrado.

El Visitador, enviado a Schoenstatt por la diócesis de Tréveris, había entregado un informe que contenía algunos reparos, sobre todo en el ámbito de la pedagogía que había practicado el P. Kentenich; el padre fundador se siente movido a escribir una amplia respuesta a ese informe.

Dicha respuesta, en su primera parte, fue ofrecida a la Virgen en el recién bendecido Santuario de Schoenstatt, en Bellavista, Chile. En esa ocasión, realiza un acto de envío, lo cual da origen a lo que posteriormente se llamó *Misión del 31 de Mayo.*

En esa plática, el P. Kentenich afirma lo siguiente:

> *Si ustedes me comprenden bien, podría agregar que no solo yo, no solo nosotros, sino también la Santísima Virgen está desvalida ante la situación* (el enfrentamiento con los obispos alemanes...). *Es cierto que ella es la Omnipotencia Suplicante ante el trono de Dios, pero también es cierto que, en los planes del amor divino, ella está supeditada a instrumentos humanos dóciles y de buena voluntad.*

Es decir, nuestro padre y fundador sigue la misma táctica de Dios. Dios no actúa directamente sino a través de instrumentos. A veces lo hace a través de algo extraordinario, como un milagro, pero normalmente lo hace a través de nosotros.

> *Si es que por el Primer Documento de Fundación ha aceptado la tarea de mostrarse en Alemania, desde nuestro Santuario, en forma preclara como la Vencedora de los errores colectivistas, entonces ella –me expreso a la manera humana– busca ansiosa con su mirada instrumentos que la ayuden a realizar esta tarea.*

Cuando el P. Kentenich se refiere a los "errores colectivistas", alude directamente a las "herejías antropológicas".

El fundador de Schoenstatt mostró a María en una óptica antropológica; ella quiere dar respuesta a las herejías antropológicas que abundaban y abundan en nuestra cultura.

Aquí el P. Kentenich está aplicando su concepto sobre la Virgen María: ella es el ejemplo de que Dios actúa a través de nosotros y con nosotros, y, por lo tanto, ella quiere hacer lo mismo: actuar con nosotros. Porque ella está realizando un plan de Dios y, en ese plan, nosotros tenemos que actuar; nosotros vamos a realizar, en ese sentido, ese milagro.

El P. Kentenich agrega algo muy significativo:

> *¿Qué nos queda sino ponernos sin reservas a su disposición, en el sentido de nuestra consagración, aceptar sus deseos, nuevamente entregarnos a ella y dejar*

> *a ella la responsabilidad de su gran obra, en la cual nosotros, dependiendo de ella y por interés en su misión, queremos cooperar, sufrir, sacrificarnos y rezar? La Santísima Virgen está desvalida, ella sola nada puede. Es un honor para nosotros poder ayudarla.*[16]

En otras palabras, no hay ninguna contradicción entre la acción de Dios y, en este caso, en dependencia de Dios y de la Virgen María, con nuestra propia actividad.

Es clara la tarea que nos deja nuestro padre y clara su visión sobre la Virgen María, según la cual nosotros, sus hijos, sus seguidores y todos aquellos que quieran inspirarse en él, tienen que orientarse.

Ella es la encarnación de una nueva cultura y la Iglesia tiene que ser el germen de esa nueva cultura. En esa cultura no hay lugar a una oposición entre el Dios creador y redentor y el hombre, entre su actividad y la nuestra. María es el ejemplo preclaro de esa armonía. Más adelante nos detendremos en esto.

Por último, citamos un tercer texto, tomado de la *Jornada sobre Pedagogía Mariana*, que data de 1934. Aborda aquí la importancia de María respecto a la identidad femenina:

> *Actualmente el mundo se enfrenta con otras herejías de dimensiones gigantescas y de características que nosotros apenas conocemos o que, tal vez, en algo presentimos.*

---

16 *Documentos de Fundación, Plática del 31 de Mayo de 1949,* n. 25

Nos referimos a las herejías antropológicas. En ellas, Dios ya no constituye el centro, al menos no en forma directa o inmediata. Intencionalmente digo "en forma directa e inmediata", y no "en forma mediata e indirecta", porque Dios y lo divino constituyen la protección más perfecta de lo humano.

Cuanto más se esfuerzan por expulsar lo divino del mundo, tanto menos asegurada estará la naturaleza humana.

¿Se dan cuenta qué debemos acentuar, con especial esmero, en nuestra mariología y en nuestras conferencias marianas?

No solo a la Mujer celestial, no solo a la Madre de Dios, llena de gracia, sino también lo auténticamente femenino, la naturalidad y autenticidad originaria de su ser.

Ustedes no me interpretarán mal. Más adelante lo comprenderemos en forma más clara. Ella es la más natural en el cielo y la tierra porque es también la mujer más sobrenatural.

En esta perspectiva, siempre tenemos que tener presente la armonía entre naturaleza y gracia. No podremos aprender a conocer a la Virgen en su naturalidad originaria si no la contemplamos inmersa en el océano, en el mundo de la gracia, en el mundo de lo sobrenatural. Por ello, es la más sobrenatural de las mujeres, la mujer sobrenatural más natural. Sin em-

bargo, siempre pondremos el acento en esa perfección natural, en esa auténtica humanidad y femineidad.

En la misma *Jornada Pedagógica de 1934*, el P. Kentenich aborda lo que hoy denominaríamos "ideología de género", a saber, la crisis de los sexos, centrada no en los desórdenes del instinto sexual sino en la identidad del varón y la mujer, que constituyen dos polos de igual dignidad, pero diferentes y complementarios en cuanto a su modalidad.

Por otra parte, en esta misma perspectiva, en muchas jornadas, el P. Kentenich se refiere a la situación actual que se vive en torno al matrimonio y la familia y la creciente despersonalización o masificación del hombre actual; se refiere al colectivismo cultural, al problema de la autoridad en todas sus dimensiones, etc.

Con una forma de pensar orgánico, el P. Kentenich visualiza a María como Vencedora de las herejías antropológicas. Es decir, ve a María no aisladamente sino en relación al Dios Trino, al hombre y a la cultura actual.

4.2. Una nueva espiritualidad mariana

Más allá de una nueva imagen de María, el fundador de Schoenstatt nos entrega una nueva espiritualidad mariana. La describe en sus tres dimensiones, a saber: la espiritualidad de la alianza de amor, la espiritualidad de la santidad de la vida diaria y la espiritualidad del instrumento. Por eso habla de una espiritualidad "tridimensional".

a. La alianza de amor con María

1) Un vínculo de amor personal con María

A lo largo de los siglos, tradicionalmente en la vida de la Iglesia ha existido la tendencia a establecer un lazo personal con la Virgen María. Diversas devociones y oraciones dan testimonio de ello.

Tal vez lo más cercano a Schoenstatt está en san Luis María Grignion de Montfort y la devoción a María de las Congregaciones Marianas. Sin embargo, la espiritualidad mariana que vivió y entregó nuestro padre y fundador, desde el inicio, tuvo un cuño propio.

Llama la atención, en primer lugar, que desde el inicio nuestro padre acentuó el carácter de "bilateralidad" de la entrega a María.

La palabra que usó Schoenstatt al inicio fue la de "consagración" a María. La consagración designa, en primer lugar, la entrega y pertenencia a María, poniendo en sus manos y su corazón todo nuestro ser.

El P. Kentenich destacó que, por una parte, nosotros pedíamos a María que ella, junto con acogernos y transformarnos, también hiciera fecundo nuestro apostolado, conduciéndonos en ella a Cristo.

Por otra parte, nosotros aportábamos todo nuestro esfuerzo y nuestra entrega, de acuerdo con el lema que ya mencionamos; *"nada sin ti, nada sin nosotros"*. De esta forma contribuíamos al *"capital de gracias"* que el Señor había puesto en sus manos de Medianera de todas las gracias.

Nuestro padre destaca así el carácter bilateral de la alianza de amor. La define como un intercambio de corazones, de bienes, de vida y de tareas con la Virgen María. Nosotros le damos nuestro corazón y ella nos da el suyo. Nosotros le entregamos nuestra vida entera, todo lo que somos y tenemos, y ella se nos da como Madre y Reina nuestra. María nos hace partícipes de su tarea, como Compañera y Colaboradora de Cristo, y nosotros en ella nos convertimos, cada vez más profundamente, en colaboradores del Señor.

Para quienes pertenecen a Schoenstatt, la alianza está estrechamente ligada al Santuario, donde María ha establecido de modo especial su trono de gracias.

Por otra parte, la alianza de amor que vivió nuestro padre y fundador se caracteriza por ser una alianza vivida a la luz de la fe práctica en la divina Providencia.

En síntesis, se trata de realizar el plan que el Padre Dios tiene con cada uno de nosotros, descubriendo su voluntad no solo en la Sagrada Escritura y encontrándonos con Cristo en la eucaristía, sino que también, y muy especialmente, encontrando su voluntad en las circunstancias concretas de nuestra vida y en los signos del tiempo. En alianza con María buscamos así realizar en todo la voluntad del Padre Dios.

Más adelante nos referiremos con mayor detalle a esto que para el fundador es esencial.

Por la alianza con María somos llevados, dice el padre fundador, como por un remolino que nos sumerge en la hondura del corazón de Cristo. Así la alianza sellada con María se convierte en una alianza trinitaria.

La dinámica que genera la alianza de amor nos lleva a estar en ella y en el Señor, y, por el Espíritu Santo, a girar filialmente en torno a Dios Padre.

Por otra parte, la alianza de amor nos lleva a introducirnos profundamente en la vida de la Iglesia. María es imagen perfecta y madre de la Iglesia.

Por eso, quien se une a ella por la alianza, aviva y profundiza su pertenencia a la Iglesia y su responsabilidad por la vida eclesial.

2) Los grados de entrega a María

Otra de las características de la alianza de amor con María es el hecho que se fue manifestando históricamente en el Movimiento de Schoenstatt. A saber, la alianza de amor con ella implica diversos grados de entrega.

Lo importante es que, sabiéndonos cobijados y protegidos en su corazón, asumamos nuestra parte llevando a cabo un serio trabajo de autoformación. Estamos llamados a superar en nosotros todo aquello que no es mariano y a conquistar, cada día más, nuestra identificación con Cristo Jesús.

Ya en el Acta de Fundación se destaca que nuestro compromiso es cultivar *"una intensa vida de oración y un fiel y fidelísimo cumplimiento del deber"*. Si no hay este esfuerzo por la santidad que se muestra en nuestra vida diaria, la alianza carece de vitalidad.

Este es el primer grado de entrega en la alianza. El segundo grado se da cuando la alianza se profundiza, al sellarla en el espíritu del *"Poder en blanco"*. Es decir, damos a María y, por ella, al Señor, un "cheque en blanco" en el cual puedan escribir lo que ellos deseen. María puede disponer de nosotros sea lo que sea la voluntad del Padre Dios: o salud o enfermedad; o éxito o fracaso; o alegría o sufrimiento. En definitiva, lo que Dios quiera o permita.

El tercer grado de entrega se da cuando nos sentimos impulsados a pedir con ella al Señor que nos envíe todos aquellos dolores, renuncias o sufrimientos que sean necesarios para cumplir lo que Dios quiere de nosotros, de acuerdo con la tarea que nos ha confiado.

Se trata de una predisposición positiva a abrazar la cruz, no por la cruz misma, sino porque la misión que Dios nos ha confiado requiere de nosotros esta ofrenda de amor para realizar sus planes.

La alianza de amor sellada en el sentido del amor a la cruz o inscriptio (que alude a inscribir nuestro corazón en el de Cristo crucificado y en el de María),vence así la resistencia que tenemos ante aquello que nos causa dolor, apartándonos de esta forma de su plan de amor.

Por último, mencionemos que nuestra alianza de amor con María siempre va unida al cultivo de la fraternidad, ya que, en Cristo y María, somos hermanos: no somos islas, sino que pertenecemos a un cuerpo y somos por ello, en la alianza de amor, responsables los unos de los otros. En definitiva, nuestro amor a María y a Cristo Jesús lo demostramos en el amor a los hermanos.

3) La fuerza unitiva, transformadora y creadora del amor a María

Para el P. Kentenich, la clave de la espiritualidad mariana es el lazo de amor afectivo y profundo que nos une a María. Afirma el P. Kentenich que el amor a ella contiene una fuerza unitiva, asemejadora, transformadora y creadora.

Si por la alianza nos unimos profunda y afectivamente a ella, su mundo, sus actitudes y virtudes, pasan a ser nuestro mundo. El amor nos asemeja a ella, nos va identificando con ella.

En otras palabras, nuestra espiritualidad no parte por tratar de imitar y encarnar las virtudes de María, lo cual nos llevaría a una especie de moralismo mariano. No actuamos guiados por un tipologismo mariano o un moralismo mariano, sino que actuamos movidos por el amor. Queremos asemejarnos a ella y demostrarle con hechos que la amamos.

De esta forma, por amor a María buscamos despojarnos del hombre viejo y revestirnos del hombre nuevo en Cristo Jesús. Por amor a ella y en dependencia de ella emprendemos una seria autoformación, que nos permita realizar el plan de amor que Dios tiene para nosotros.

De ese amor también surge una fuerza de plasmación de un mundo que se asemeje a ella: queremos realizar, en dependencia de ella, un vigoroso y eficaz apostolado.

La fuerza del amor irá obrando en nosotros un milagro de transformación, de modo que nuestras actitudes y estilo de trabajo se asemejarán cada día más a los de María, construyendo con ella el reino de Dios aquí en la tierra.

b. La santidad del día de trabajo

La santidad de la vida diaria explicita que aspiramos vivir la alianza de amor con María en las condiciones normales del día de trabajo, superando lo que nuestro padre llama "santidad del domingo" por una "santidad de la vida cotidiana ". Un estilo de santidad que une armónicamente la vinculación con Dios, con las personas, la naturaleza y el trabajo. En otras palabras, se trata de vivir una santidad tal como la vivió la Virgen María, en la vida cotidiana.

Se suele entender por santidad en el trabajo el tener en este un comportamiento moral correcto, de acuerdo con lo que enseña el Evangelio y la Iglesia. Así, al iniciar el trabajo, nos encomendamos al Señor para realizarlo según su espíritu; para ofrecérselo y pedirle que nos bendiga en su realización. Al concluir nuestro trabajo cotidiano le agradecemos por las gracias recibidas y le pedimos perdón por las faltas que hemos cometido. Y, en medio del día, ante una tarea o una decisión, pedimos al Espíritu Santo que nos ilumine.

Todo esto está bien, pero lo que el P. Kentenich propone es algo que va más allá.

En primer lugar, él destaca que la santidad de la vida de trabajo consiste en vivir armónicamente el vínculo de amor a Dios, a las personas, a la naturaleza y el trabajo, tal como María lo vivió en Nazaret.

En este sentido, siempre está en el centro el amor, según la "ley fundamental del amor", que dice que todo lo hacemos "por amor, con amor y para el amor".

En nuestro hogar, en nuestra comunidad, en nuestro trabajo concreto, se hace presente este amor; que se extiende también al amor a la naturaleza y a las cosas;

un amor que es profundamente afectivo y también efectivo, es decir, que se muestra en obras.

Otra de las características importantes de la santidad del día de trabajo, es que esta tiene presente que Dios está en la vida, que él tiene un plan de amor que va realizando con nosotros. En otras palabras, es una santidad "providencialista" del día de trabajo, que vivimos en alianza de amor con la Virgen María.

Dios está presente y actúa en nuestra vida y nos llama a cooperar con su obra creadora y redentora. Se trata, entonces, de una santidad en el día de trabajo, vivida en estrecha relación al Dios providente.

Ahora bien, también consideramos que hay otras fuerzas "trabajando" en el mundo. Los poderes que actúan en el mundo y por ello en toda la actividad creadora o laboral, somos nosotros, Dios y también el demonio.

Nuestro trabajo es parte de la obra de Dios, que él está realizando. Nosotros cooperamos bien, regular o negativamente en ella. Y en esa obra que, en definitiva, es de Dios, el demonio actúa para desbaratarla. Si nosotros actuamos sin dedicación o derechamente mal, entonces también nosotros desbaratamos la obra de Dios.

Esta santidad del día de trabajo requiere que tengamos una fe viva en la Providencia divina. El Dios providente está realmente interviniendo en el mundo.

No es simplemente un Dios que nos dicta las leyes de comportamiento, sino que él mismo está actuando y quiere hacerlo a través de nosotros y con nosotros. Nos trata como personas libres y por eso no somos simplemente ejecutores de una obra, sino personas que libremente queremos trabajar con él.

Más adelante profundizaremos cómo concibe el P. Kentenich la fe práctica en la divina Providencia y así también nos será más clara su concepción de la santidad mariana en medio del mundo.

c. La santidad del instrumento

La tercera característica de la espiritualidad "tridimensional" de Schoenstatt, es la espiritualidad del instrumento. Con ella, el P. Kentenich abarca todo lo que se refiere a nuestro compromiso apostólico y al modo en que lo realizamos.

Esto está también muy ligado a la alianza de amor y a la santidad en la vida cotidiana. Todo lo que hagamos posee una impronta apostólica, sea por el testimonio o ejemplo que demos o porque lo que hacemos es para la construcción del Reino de Dios aquí en la tierra.

La proyección apostólica de nuestra alianza de amor no se limita a los apostolados concretos que podamos realizar. Visto más profundamente, en ellos se verifica que todo lo que somos y hacemos es cooperar con el Señor, como hemos dicho, en su obra creadora y redentora.

La imagen del instrumento es muy clara: Dios es el artista y quiere pintar un hermoso cuadro; para ello necesita un pincel, que puede ser perfecto o imperfecto, pero como está en las manos de un artista genial, él sabe realizar obras grandes con esa herramienta imperfecta que tiene en sus manos.

El pincel no tiene voluntad propia, en cambio el hombre puede ponerse libremente en las manos de Dios o negarse a ello. Puede cooperar con todo su ser en la obra de Dios o puede hacerlo mediocremente. La santidad lleva al instrumento a ponerse, por una parte, por entero en las manos del Señor y, por otra, a ser enteramente dócil para realizar lo que él desea.

Cuando nuestro padre explica la espiritualidad del instrumento, la describe en seis cualidades que le son propias. A saber:

- Desapego total de sí mismo
- Unión total a María
- Incansable espíritu de conquista
- Carácter de "parusía"
- Seguridad y libertad interior
- Fecundidad

De ninguna manera se trata de que el instrumento sea alguien sin voluntad ni carácter propio. Todo lo contrario: él libremente se pone a disposición de aquello que María le pide. Por eso, *se despoja libremente de toda voluntad propia* que pueda oponerse o dificultar la obra de Dios.

El instrumento debe *estar unido con todo su ser y por amor, a la Virgen María.* Esto implica una profunda vida de oración, ya que sin ello no va a estar "en sintonía" con ella.

Otra de las características del instrumento mariano es que posee *"un incansable espíritu de conquista".* Nuestro padre fundador distingue, en este sentido, entre los pacifistas, los activistas y los creadores de historia.

Quienes han sellado la alianza con María pertenecen a esta última categoría. No se quedan cómodamente sentados en el sillón, ni se pierden en un activismo, sino que están fuertemente comprometidos de modo que María puede contar siempre con ellos. Son instrumentos responsables y con iniciativa propia.

Schoenstatt lleva la impronta de su fundador y por eso nos debemos distinguir en vivir una vida apostólica activa; en primer lugar, en nuestro hogar, en nuestro trabajo y allí donde la Providencia nos señale; contagiando y despertando, también en otros, el mismo espíritu apostólico.

Vivir de este modo nuestro apostolado hace que seamos una *"parusía"*, una *"aparición"* o *reflejo de María,* que, por estar en sus manos realizando el plan de Dios, poseamos interiormente *seguridad y libertad interior.*

Por último, que nuestra labor apostólica posea *la fe-cundidad* que el Señor desea: *"que demos fruto y un fruto que permanezca"* (Jn 15, 16)

4.3. Una nueva pastoral mariana

Junto con proponer y entregar una nueva visión de María y una nueva espiritualidad mariana, el P. Kentenich abrió el camino a una nueva pastoral o modo de transmitir la fe, marcadamente mariano.

Su propuesta se centra en ponernos en contacto vital con la Virgen María.

Él explica que, en el pueblo de Dios, existe una gran receptividad al respecto, especialmente en los pueblos latinos. Esto por dos factores: porque permite una entrega de la fe ilustrada en una persona, en María.

Conocer a María nos pone en contacto vital, en primer lugar, con Cristo y con la Iglesia y con todas las verdades de la fe. Y, por otra parte, porque la vivencia de la madre es tremendamente importante desde el punto de vista sicológico.

Si se ha tenido una vivencia materna positiva, entonces es muy fácil comprender lo que es María, como Madre de Cristo, Madre nuestra y Madre de la Iglesia.

En relación a la pastoral mariana, para el fundador de Schoenstatt es de suma importancia preocuparnos de los educadores de la fe. Ellos, antes que nada, debieran contar con una correcta visión de María junto con una vinculación personal con ella.

Si en el corazón de los educadores está vivo este lazo con María y ellos logran establecer, con las personas y comunidades, un real vínculo afectivo, de corazón, entonces estas personas descubrirán con facilidad, en quienes les transmiten la fe, el amor a María. Estarán afectivamente ligados a ese educador y, a través de él, se adentrarán fácilmente en el misterio de María.

Por cierto, esto va a la par con la necesidad de que los educadores o transmisores de la fe sean consecuentes con el amor que profesan a María y sean un vivo ejemplo, atrayente y convincente.

La ley que guía la pedagogía y pastoral marianas es esta: *a través de la vinculación a María llegamos a poseer un estilo de vida y de trabajo marianos.*"

El amor nos une a María. El amor nos hace semejantes a ella y, a la vez, nos mueve a luchar contra todo lo que no sea digno de un hijo de María y, positivamente, a conquistar aquello que debiera distinguirnos como hijos suyos.

La pastoral mariana que propone nuestro padre fundador se lleva a cabo en dos campos: en primer lugar, en lo que él llama "una pastoral de élite" y también en "una pastoral popular y de multitudes".

María tiene que contar con líderes apostólicos, con evangelizadores de la Buena Nueva capaces de movilizar a muchos, logrando, a la vez, que otros se conviertan también en apóstoles.

Por otra parte, debemos cuidar de la piedad popular o de multitudes que poseen nuestros pueblos, la que constituye un poderoso sustrato de la fe.[17]

17 Se puede ver al respecto la *Jornada Pedagógica Mariana*, editada en Argentina.

IV. UN CARISMA MARCADAMENTE PATROCÉNTRICO

1. EL PATROCENTRISMO DE SCHOENSTATT

1.1. Textos del P. Kentenich

El carisma de Schoenstatt es un carisma marcadamente mariano y patrocéntrico. Hemos visto lo que significa para nuestro padre y fundador el marianismo que él quisiera entregar a la Iglesia.

Ahora nos adentraremos en lo que significa el patrocentrismo en la óptica kentenijiana.Lo haremos con mayor detención ya que, a nuestro juicio, el marianismo está mucho más presente que esta otra dimensión del carisma. Schoenstatt es mucho más conocido en el ámbito eclesial por su marianismo que por su patrocentrismo. Es cierto que Schoenstatt es también conocido por la centralidad que le dan los schoenstatianos a la persona de su fundador. Sin embargo, en la visión del P. Kentenich, sin duda que él no es el centro sino Dios Padre.

La paternidad humana posee una especial importancia desde el punto de vista pedagógico; esa paternidad tiene sentido en cuanto expresión y camino de la paternidad de Dios. Una y otra vez nuestro padre repite la consigna: "En Cristo y María, por el Espíritu Santo, giramos en torno a Dios Padre.

Hemos creído conveniente citar algunos textos en los cuales el P. Kentenich se refiere a esta temática. Leerlos con detención nos permitirá comprender mejor su visión.

Maximalismo mariano y maximalismo patrocéntrico

Texto tomado de la Conferencia dada por el P. Kentenich el 4 de agosto de 1966:

> *Cuando se nos reprocha que seríamos extremadamente marianos, -se habla siempre de que en nuestras filas florecería un maximalismo mariano-, hemos de dar dos respuestas. Contemplando nuestra Familia en su faz meramente externa -y considerando lo externo como símbolo de contenidos internos- observamos que ella tiene una orientación fuertemente patrocéntrica.*
>
> *Y tan patrocéntrica que podemos decir lo siguiente: Vivimos en una atmósfera de una clara característica, una atmósfera decididamente paternal. Y es tan pa-*

trocéntrica justamente por ser mariana, tal como suele suceder en el orden natural: La madre tiene la tarea de llevar a sus hijos hacia el padre.

Texto tomado de la Conferencia del 3 de mayo de 1966:

En el ámbito de la Familia existe la fuerte convicción de que, a lo largo de los años, la Sma. Virgen nos ha llevado hacia el Padre, a través de Cristo y en el Espíritu Santo. Lo hizo para con la Familia en general y para con cada miembro en particular, y de una manera incomparablemente eficaz.

Tan fuerte fue ese proceso que a quienes nos reprochan que profesaríamos un marianismo extremo podemos responderles y señalarles lo siguiente: Somos mucho más un movimiento patrocéntrico que uno mariano.

Es algo muy hermoso constatar cómo lo que yo dijera desde 1914 se ha ido transformando lentamente, tanto en el pensamiento como en el modo de expresión, gracias al cuidado puesto en la detección de la guía del Espíritu Santo.

María nos lleva a Cristo y en él a Dios Padre

Texto tomado de la Conferencia dada con oportunidad de la Colocación del Símbolo del Padre en la ciudad de Colonia, 30 de Octubre de 1944:

La Santísima Virgen se nos presenta como aquella que por oficio es la permanente Colaboradora y Compañera del Señor.

Él tenía la tarea de llevar hacia el Padre a todos los hombres que se dejaran redimir por él. Por eso cuando se rinde cuentas a sí mismo sobre su misión, Jesús dice: "He manifestado tu nombre, nombre de padre, a los hombres," (Jn 17,6)

Esa era su misión. "Yo te he dado gloria en la tierra" –le dice al Padre- cumpliendo la tarea que me encargaste hacer".

De ahí que la alianza de amor con la Santísima Virgen María podría entenderse, si me permiten la imagen, como un remolino que lleva hacia el Padre. Cuando ingresamos en ese remolino, ya no salimos más de él.

Quien se entrega a la Virgen María por la alianza de amor, entra en un remolino que lleva al Padre, que lleva a Cristo. Y aquí no hay contradicciones insolubles, como se piensa a veces. En efecto, hoy, en ambientes intelectuales, existe una manera de pensar demasiado poco orgánica que plantea una y otra vez la siguiente duda: Un cultivo especial de la alianza de amor con María ¿no pondría en un segundo plano la alianza de amor con el Señor y con el DiosTrino, con el Padre?

Pero en realidad ocurre lo contrario: cuanto más sólida y profunda la alianza de amor con la Virgen, tanto más asegurada y firme la alianza de amor con el Señor y con Dios Padre. Así pues, el Padre Dios quiere que María nos lleve hacia él, que la alianza de amor con ella redunde, de manera destacada, en una alianza de amor con Dios Padre.

Hijo del Padre e hijo de la Providencia

Texto tomado del libro, "Lunes por la Tarde. Conversaciones con familias", tomo 21

No olvidemos lo que hemos conversado tan frecuentemente aquí, entre todos. Decíamos que la Santísima Virgen tiene una misión especial aquí en nuestro santuario; que ella nos hace comprender al Padre Celestial y nos educa para que seamos hijos auténticos de Dios Padre.

Estamos acostumbrados a escuchar que la Santísima Virgen nos lleva hacia Cristo. Pero esto no es suficiente. Los santuarios de Schoenstatt son centros de formación de la Santísima Virgen: allí ella, en Cristo, nos lleva hacia el Padre.

Así comprenderán mucho mejor que una de las gracias específicas de nuestro santuario sea la de llegar a ser auténticos hijos de la divina Providencia.

"Hijo de la divina Providencia" e "hijo del Padre" son una misma cosa; porque en la medida en que seamos hijos de la divina Providencia, pondremos las riendas de nuestra vida en manos de Dios Padre. Y en la medida en que seamos hijos del Padre, vale decir, hijos del Padre Celestial, comprenderemos la acción de Dios en nuestra vida tal como se nos revela en las situaciones que vivimos.

Una doble Corriente del Padre

Palabras con ocasión de la colocación del símbolo del Padre en el Santuario de Florencio Varela, Argentina, 19 de marzo, 1952:

> *Seguramente nosotros, como provincia, y como provincia del Padre, tuvimos, desde el principio, la tarea de encauzar una corriente del Padre hacia el mundo y hacia estos tiempos.(…) Cuanto más fuimos llevados hacia la Santísima Virgen, tanto más fuertemente ella nos guió, en Cristo y con Cristo, hacia el Padre.*
>
> *Creo que hoy, en la Iglesia, no hay otra comunidad que, como la nuestra, esté motivada, de manera tan intensa, vigorosa y honda, por una corriente del Padre capaz de vencer todos los obstáculos con tanta fuerza. Porque es lo más normal del mundo que esta corriente del Padre se tope con obstáculos. Así se demostrará si es la Santísima Virgen quien la ha generado o que se está generando por una acción humana.*
>
> *El símbolo del Padre nos dice: Ad Patrem! Esta corriente ha crecido enormemente y por eso ha crecido enormemente su contrapartida: la corriente de filialidad.*
>
> *Porque padre e hijo van juntos. Donde fluye con fuerza una corriente del Padre, allí fluye también una corriente de filialidad. (…)*
>
> *No olviden que el Padre Dios es lo último, lo más profundo; el Padre es el comienzo y el final de toda la historia de salvación. Nuestra espiritualidad es y será*

por siempre mariana; nuestra espiritualidad es y será por siempre una espiritualidad de Cristo y del Espíritu Santo. Pero no olvidemos que ella también ha de ser para siempre una espiritualidad patrocéntrica.

Nuestra sencilla manera de ver las cosas contempla siempre el mundo natural conformando una totalidad con el mundo sobrenatural. Por eso Dios procura que, en el camino de nuestra vida, hallemos transparentes (humanos) de Dios Padre.

Si nosotros queremos, si la Santísima Virgen quiere que, desde sus santuarios, surja una honda renovación del mundo, la Madre del Señor se encargará de que los transparentes de Dios, de que el padre, el padre humano, en cuanto reflejo del Padre eterno, vuelva a ser el eje de toda comunidad de vida aquí en la tierra.

Corriente de Padre... corriente de filialidad... He aquí el doble círculo, la doble corriente del Padre promovida por la consigna: Ad Patrem!, de Dios Padre a Dios Padre.

Parece que una de las tareas fundamentales de la Madre y Reina tres veces Admirable de Schoenstatt es generar esa doble corriente del Padre desde sus santuarios. Por eso, desde hace años, venimos diciendo que uno de los principales mensajes de Schoenstatt es el mensaje de Dios Padre, del transparente de Dios, y eso como el medio más importante, como el medio que más contempla la dimensión instintiva del ser humano, para generar, para infundir eficacia y vitalidad a una filialidad profunda y ferviente para con Dios Padre. (...)

> *Creo que gracias a las luchas actuales la corriente mariana dará paso a una corriente del padre en sus dos vertientes: la del padre humano y la del Padre celestial.*

Texto tomado de la Semana de Octubre de 1967:

> *No en vano solemos repetir, muy a menudo: si no tenemos vivencias de nuestro padre natural, nos resultará extraordinariamente difícil experimentar íntimamente a Dios Padre y dejar que reine sobre toda nuestra vida.*

1.2. Cristo y María nos llevan al Padre Dios

¿Qué significa la afirmación que Schoenstatt es un Movimiento patrocéntrico más que un Movimiento mariano, o, que por ser un Movimiento mariano, es un Movimiento marcadamente patrocéntrico?

¿Está presente, en este momento, tanto en la teoría como en la práctica, el patrocentrismo del cual habla nuestro padre fundador?

Es posible que a muchas personas hablar de "patrocentrismo", puede parecerles extraño. Lo asocian tal vez con una especie de patriarcalismo. El patrocentrismo del cual habla el P. Kentenich nada tiene que ver con ello.

Para adentrarnos en esta temática, pensemos qué sería Schoenstatt, por ejemplo, si no pusiera en primer plano a Dios Padre que, en su poder, amor, sabiduría y misericordia, nos guía a través de su divina Providencia.

Pensemos en lo que sucedió, por ejemplo, al inicio mismo de Schoenstatt.¿Cómo llegó, el P. Kentenich, a la convicción de que debía pedir a la Virgen que se estableciera en la pequeña capillita del valle de Schoenstatt?

Lo hizo no porque hubiera tenido alguna revelación especial sino, simplemente, buscando la voluntad de Dios Padre a través de la fe práctica en la divina Providencia, auscultando las voces del tiempo y estando atento a los signos que Dios le daba.

Su actitud fundamental era esta: estar centrado en guiarse por la voluntad de Dios Padre. Él se atrevió a dar un paso dudoso y arriesgado el 18 de Octubre de 1914. Luego de dar ese paso, esperó la confirmación que era en verdad voluntad de Dios Padre por los frutos que surgiesen.

Pensemos también, por poner otro ejemplo, en su método de discernimiento.

Este se hace justamente a partir del hecho de que Dios Padre, el Dios de la vida, nos va mostrando su voluntad a través de los acontecimientos, positivos o negativos, que su Providencia ha puesto en nuestro camino.

Normalmente los miembros de Schoenstatt son introducidos en el mundo de la filialidad ante María, con quien sellamos la alianza, y de la filialidad frente a nuestro padre y fundador.

Ahora bien, si esta filialidad no nos condujese a la dependencia filial, en Cristo, de Dios Padre, perdería su sentido más profundo, pues su objetivo propio y primario es ese.

La alianza de amor con María se guía en todo por el plan de amor que Dios Padre ha trazado. Si ello no es vivido de acuerdo con la fe práctica, fácilmente nuestra alianza de amor se convertiría o en una devoción o en esfuerzo ascético por encarnar las virtudes de María, desligada de lo que el padre fundador enseña: dejarnos guiar por los signos del tiempo y por las circunstancias. Sin la fe en la divina Providencia, la alianza de amor pierde su originalidad kentenijiana.

El fundador de Schoenstatt nos llama a "redescubrir" a Cristo Jesús como Hijo y reflejo vivo de Dios Padre y camino para llegar a él.

Abordamos con esto un tema muy amplio, en cierto sentido complejo, pero, a la vez, sencillo.

Actuar conscientemente en esta dirección, guiarse por la divina Providencia, por el querer de Dios Padre, a la luz de los signos del tiempo, en el contexto eclesial actual, para muchos es una novedad. Pero una novedad que se fundamenta en lo más profundo de la revelación de Cristo.

Sucede a menudo que, en la Iglesia, vivimos un cristocentrismo muy arraigado y fuerte, pero muy desligado de Dios Padre.

Si vamos a la fuente misma del Evangelio, de lo que Cristo dice de sí mismo, de su mensaje, de la Buena Nueva que nos trae, nos encontramos con un profundo patrocentrismo del Señor.

Él viene del Padre, él va al Padre, él nos revela al Padre, nos da a conocer al Padre. Este es el Cristo que se nos revela. (cf.Jn 14, 6 y ss.)

Si nos introducimos en el corazón de Cristo, lo primero que descubrimos es que él es el Hijo amado del Padre Dios. (cf.Mt. 3, 1-17)

En aquella escena del templo, cuando Jesús se pierde de sus padres, podemos observar lo siguiente. Cuando ellos lo encuentran, María le dice que lo han buscado por todas partes y le pregunta por qué no les había dicho dónde estaba. Y Jesús, tal vez un adolescente de 12 años, les responde: *"Pero ¿no sabían ustedes que debo estar en las cosas de mi Padre?"* El evangelista comenta: "Ella no comprendió y meditaba en su corazón qué significarían aquellas palabras" (Lc. 2, 48-50). Ciertamente, después María comprendió todo lo que estas palabras entrañaban.

María nos lleva a Cristo. El P. Kentenich la define como la Compañera y Colaboradora de Cristo en toda la obra de la redención, como la nueva Eva junto al nuevo Adán. Cristo la lleva a participar en su misión: revelarnos y llevarnos a Dios Padre.

Lo más profundo de María es Cristo y lo más profundo de Cristo es el Padre Dios.

En lenguaje del P. Kentenich, Cristo es un "transparente" del Padre Dios. Les explica a los apóstoles que Dios es su Padre, que él es uno con el Padre y que él no puede hacer nada por sí mismo, sin que el Padre lo sepa. (CfJn. 5, 19; 12, 49; 14, 8 -11). *"Quien me ha visto a mí, ha visto al Padre"* (Jn 14,9)

Esto fue lo que el Señor trató de hacer comprender a los apóstoles mientras estuvo con ellos. Pero, probablemente los apóstoles solo lo comprendieron en todo su significado después de la resurrección de Cristo.

El Señor estuvo treinta años, primero con María y José, y después, solo con María. ¿De qué conversaban? ¿De qué hablaban...? ¿Cómo rezaban? ¿No le enseñaría el Señor a María a rezar al Padre Dios mucho antes que a los apóstoles? Madre, di Padre nuestro que estás en los cielos... Di Padre nuestro...

Cristo enseña a rezar a sus apóstoles diciendo: "Cuando recen, digan Padre nuestro..." (Lc. 11,2). ¡Qué hermoso habrá sido cuando María con Cristo podían llamar a Dios: ¡Padre nuestro, Padre tuyo y Padre mío! Estamos en ti, vivimos por ti. El Señor probablemente estuvo horas y horas esclareciendo a María su misterio más profundo como Hijo del Padre.

En general, se nos muestra a Cristo como el Rey, el Buen Pastor, el Redentor, la Cabeza de la Iglesia, pero sin mencionar que, ante todo, él es el Hijo Unigénito del Padre. Esta realidad parece no estar tan vital y tan conscientemente presente. Sin embargo, para Cristo era lo más vital, lo más presente.

Desde el momento en que nos incorporamos a Cristo, pasamos a ser en él, por la fuerza del Espíritu Santo, también hijos del Padre.

¿Actualmente, cuál es la conciencia de esto en la Iglesia? ¿Se muestra en ella a Cristo Jesús bajo esta óptica?

Un signo pequeño pero significativo es preguntar cuántas personas que participan en la eucaristía, al escuchar el enunciado de la oración que dice el sacerdote: *"Oremos. Señor…"*, identifican este Señor normalmente con Cristo y no con el Padre Dios. Y al concluir la oración dice: "por Cristo nuestro Señor". Este segundo Señor es evidente que se refiere a Cristo.

Pensamos que toda la Eucaristía está dirigida solo a Cristo y no que está dirigida al Padre en Cristo Jesús. Por eso el celebrante dice:

> *Por Cristo, con él y en él, a ti, Dios Padre omnipotente, en la unidad del Espíritu Santo, todo honor y toda gloria por los siglos de los siglos.*

María nos regala un conocimiento vital de Cristo. Si sellamos la alianza de amor con María, si nos adentramos en su corazón, en la hondura de su corazón encontramos a Cristo y, en lo más hondo de Cristo, encontramos vitalmente al Padre.

Cristo no mostró al Padre Dios a María dándole una lección o una clase de dogmática. Simplemente le abrió su corazón y María se sumergió en ese corazón y allí encontró al Padre. Y se unió a Cristo en una bi-unidad indisoluble para realizar con él la voluntad del Padre Dios, como su Compañera y Colaboradora.

María descubrió su misión de ser esa Compañera y Colaboradora de Cristo en la realización de la misión que el Padre Dios había dado al Señor. Ella se unió a esa entrega, hasta la cruz, por cumplir la voluntad del Padre.

¿Por qué murió Cristo en la cruz? ¿Porque amaba la cruz? Ciertamente que no. Y por eso, cuando suda sangre en el Huerto de los Olivos, ruega a su Padre diciendo:

> *¡Padre, si es posible, haz que no beba este cáliz; que pase ese cáliz...! Pero que no se haga mi voluntad sino la tuya". (Lc. 22,42)*

A lo largo de su vida pública, Jesús reveló lo que tenía que revelar y por eso lo condenaron a muerte, porque dijo que era el Hijo Unigénito del Padre Dios, que era igual al Padre. Por eso lo rechazaron los escribas, los fariseos y lo mataron.

Él asume la cruz por cumplir la misión que le había encomendado el Padre. Por eso lo crucificaron. El Señor ofrece entonces su sangre para reparar nuestra desobediencia a Dios Padre, como expiación por nuestros pecados que siempre entrañan una desobediencia a Dios.

Estando con sus apóstoles, en la Ultima Cena, Cristo reza al Padre: *"Padre, yo les he dado a conocer tu nombre"*. Y cuando él expira en la cruz, dice: *"Todo está consumado"*, (Jn. 19,30). Es decir, Padre, realicé la tarea que me encomendaste.

El Señor tiene que haber explicado a la Santísima Virgen que la plenitud de gracias que ella recibió viene del Espíritu Santo. ¿Y quién es el Espíritu Santo?

Dice san Pablo que Cristo no nos regaló el espíritu de esclavos, sino el Espíritu de hijos, y por ese Espíritu, que recibió María y que transmitió a su prima Isabel, a san Juan Bautista y que imploró para los apóstoles, podemos llamar a Dios: *Abbá, Padre amado...* Es el espíritu de la filialidad, de ser, de saberse y sentirse niños ante Dios.

> *Pues no recibisteis el espíritu de esclavos para recaer en el temor; antes bien, recibisteis un espíritu de hijos adoptivos que nos hace exclamar: ¡Abbá, Padre! El Espíritu mismo se une a nuestro espíritu para dar testimonio de que somos hijos de Dios. (Rom 8, 15-16)*

De allí que el P. Kentenich, cuando trata de resumir la dinámica interna de la vida que circula en Schoenstatt, la resume así:

> *En Cristo, con María, por el Espíritu Santo, giramos en torno a Dios Padre.*

El fundador de Schoenstatt asumió profundamente esta visión de Cristo y la proclamó hasta el final de su vida. Selló una alianza de amor con el Padre Dios.

Por eso el Movimiento de Schoenstatt, siguiendo a su fundador, está llamado a vivir y proclamar la imagen de Cristo centrado primariamente en el Padre y, como veremos en lo que sigue, de Cristo que vive y actúa en una estrecha y honda actitud filial ante el Padre Dios.

1.3. Un Cristo profundamente filial ante Dios Padre

El patrocentrismo de Cristo va estrechamente unido a la honda filialidad que tiene ante el Padre. Aunque ya hemos citado algunas palabras de este texto, lo haremos ahora más extensamente, pues en él se destaca la actitud filial del Señor ante el Padre.

> *Si ustedes me conocen, conocerán también a mi Padre. Ya desde ahora lo conocen y lo han visto. Felipe le dijo: Señor, muéstranos al Padre y eso nos basta. Jesús le respondió: «Felipe, hace tanto tiempo que estoy con ustedes, ¿y todavía no me conocen? El que me ha visto, ha visto al Padre. ¿Cómo dices: Muéstranos al Padre? ¿No crees que yo estoy en el Padre y que el Padre está en mí? Las palabras que digo no son mías: el Padre que habita en mí es el que hace las obras. Créanme: yo estoy en el Padre y el Padre está en mí.*
>
> *Les aseguro que el que cree en mí hará también las obras que yo hago, y aun mayores, porque yo me voy al Padre. Y yo haré todo lo que ustedes pidan en mi Nombre,*

para que el Padre sea glorificado en el Hijo. Si ustedes me piden algo en mi Nombre, yo lo haré. Si ustedes me aman, cumplirán mis mandamientos. (...) Aquel día comprenderán que yo estoy en mi Padre, y que ustedes están en mí y yo en ustedes. (...) El que me ama será amado por mi Padre, y yo lo amaré y me manifestaré a él». (...) El que me ama será fiel a mi palabra, y mi Padre lo amará; iremos a él y habitaremos en él. El que no me ama no es fiel a mis palabras. La palabra que ustedes oyeron no es mía, sino del Padre que me envió. (...) Si me amaran, se alegrarían de que vuelva junto al Padre, porque el Padre es más grande que yo.(Jn 14, 7 ss)

Por la Buena Nueva que Cristo vino a revelarnos, sabemos que Dios es Padre y que él es el Hijo Unigénito amado del Padre, él es la viva imagen del Padre: *"Quien me ve a mí, ve al Padre".* (Jn. 14, 9)

El Señor estuvo tres años con los apóstoles y el misterio que ellos no podían entender era por qué Cristo les hablaba tanto del Padre, y cómo podrían ellos ir al Padre. Y el Señor les dice:

Yo soy el Camino, la Verdad y la Vida. Nadie va al Padre sino por mí. Si me conocéis a mí, conoceréis también a mi Padre. (...) El que me ha visto a mí, ha visto al Padre. (...) Creedme: yo estoy en el Padre y el Padre está en mí. (Jn 14, 6 ss.)

Expresando esto en lenguaje del P. Kentenich: yo soy un reflejo del Padre Dios, un transparente del Padre. Jesús les dice a los apóstoles que Dios es su Padre y él es uno con el Padre y que él no hace nada por sí mismo y sin que el Padre lo sepa. *"Mi comida es hacer la voluntad del Padre" (Jn 4,34).* El Señor es el Hijo amado del Padre: *"Este es mi Hijo muy querido, en quien tengo puesta toda mi predilección"* (Mt 3,17)

Cristo responde con un amor filial de seguimiento hasta los más mínimos deseos del Padre.

Por eso les dice a sus apóstoles:

> *Cuando recen digan: "Abbá" Padre querido, que estás en los cielos…. Hágase tu voluntad…" (Lc 11,2 ss.)*

Les habla de un Dios que nos ama, que cuida de nosotros más que a los lirios del campo y a las aves del cielo. (cf Lc. 12,27 ss.) Por eso a sus apóstoles para confortarlos en lo que vivirían en su pasión y muerte, les dice: *"Yo les doy mi paz, no la que da el mundo…"* (Jn 14,27). Su paz es la de saberse plenamente cobijados en el amor, el poder y la misericordia de Dios Padre.

Que Jesús llamase a Dios con el nombre de "Abbá" en el contexto bíblico, era algo enteramente inusitado. Ese apelativo era el que usaban los hijos en la familia para llamar con cariño a su padre: le decían "Abbá", papá querido… En el Antiguo Testamento, a Dios, Yahvé, ni siquiera se le podía dar un nombre.

A Nicodemo el Señor le dice que, para comprender el reino de Dios, debe "nacer de nuevo". Nicodemo le responde que cómo va a nacer de nuevo siendo ya un hombre de edad.El Señor le responde que sí, que debe nacer del Espíritu Santo. (Cf Jn.3,3). Les dice, además, a sus apóstoles, como relata san Mateo, que deben convertirse interiormente y ser como los niños; que quien ve a un niño lo ve a él; que si no se convierten interiormente y no son como los niños no entrarán en el reino de los cielos. (Cf Mt.19,13-15),

Miraremos ahora a nosotros mismos y en lo que sucede en la Iglesia respecto a Dios Padre.

2. IMPORTANCIA DE LAS VIVENCIAS DE PATERNIDAD Y FILIALIDAD

2.1. Dificultades respecto al patrocentrismo

Cuando nos incorporamos a Cristo Jesús pasamos a ser hijos de Dios Padre, hijos en el Hijo. La identificación con Cristo pasa por saberse hijo y ser filial en él y como él.

Anteriormente nos referimos a un cristocentrismo unilateral. Que Cristo es nuestro Redentor, es el Pastor, etc. es claro. ¿Qué sucede que no aparece tanto el Cristo Hijo y el ser filial ante Dios?

¿Por qué? ¿Se trata solo de una deficiencia en la transmisión de la Buena Nueva, que habría que explicar mejor nuestra cristología?

Ciertamente que esto también debe hacerse, pero ¿no hay algo más? ¿Por qué es tan difícil, para el hombre actual, entender la filialidad?

Podría decirse que son acentuaciones, que se dan normalmente en la vida de la Iglesia. Algunos acentuarán, por ejemplo, la oración y la contemplación y luego se acentuará la acción y el compromiso apostólico. Esto ciertamente es así. Sin embargo, acá se trata de algo esencial, de la comprensión de quién es Cristo y en qué consiste ser y saberse redimido.

No se trata ahora de empezar a hablar solo de Cristo como Hijo de Dios Padre, lo que queremos es un anuncio y vivencia del Cristo total y con ello también de su actitud más honda: su filialidad.

Queremos ahora abordar más profundamente el porqué se nos hace tan difícil visualizar vitalmente la persona de Dios. Pareciera que es difícil salir de un cristocentrismo que deja en un segundo plano tanto el anuncio que Cristo hace del Padre como de su filialidad.

Creemos que no se trata en primer lugar de algo doctrinal, porque nadie puede negar estas verdades que aparecen tan claramente en el Evangelio. La respuesta a esta pregunta es más bien de orden pedagógico-pastoral. No se trata ciertamente de explicar mejor la verdad revelada y el dogma. Hay otras verdades que inciden en ello: la vivencia que tenemos de paternidad en el plano humano y la vivencia de autoridad.

La gracia de vivir y sentir a Dios como padre y de ser y sentirnos hijos ante él son verdades recibidas no solo de acuerdo a lo que puede dilucidar nuestra inteligencia y asumir la voluntad, sino también -y muy profundamente- a lo que anida en nuestro inconsciente. Ya santo Tomás de Aquino vislumbraba esta verdad cuando decía: "lo que se recibe, se recibe de acuerdo al receptor" y "la gracia presupone, sana, eleva y perfecciona la naturaleza".

Por cierto, que hablamos de Cristo Redentor y Pastor y lo seguiremos haciendo, pero falta esta otra dimensión que hay que integrarla porque, como dijimos, es esencial.

No se trata de empezar a hablar solo de Cristo como Hijo de Dios Padre; lo que queremos es un anuncio y vivencia del Cristo total y con ello también de su actitud más profunda: su filialidad. Esto no quiere decir que no sea importante la forma en que nosotros proclamemos la Buena Nueva referente a Dios Padre y el llamado que nos hace el Señor a "ser como los niños.

Esto lo damos por supuesto. Nos detendremos, en cambio, movidos por la enseñanza y el ejemplo de nuestro padre y fundador, a estudiar la importancia pastoral que él le da a la vivencia de paternidad y, por otra parte, a revisar más de cerca la experiencia de autoridad.

2.2. Un nuevo factor pedagógico

a. El inconsciente

Profundizaremos en este horizonte, algo que para nuestro padre ciertamente reviste especial importancia y constituye uno de sus grandes aportes a la educación de la fe.

Nosotros podemos leer en la Biblia y anunciar la Buena Nueva de la paternidad de Dios y del ser niños en Cristo Jesús, sin embargo, a menudo estas verdades centrales no encuentran la receptividad que esperaríamos como transmisores de la fe.

Uno de los aportes más relevantes que trae el fundador de Schoenstatt, en relación con la espiritualidad y pedagogía pastoral, consiste en haber tomado en cuenta la importancia central que tiene la realidad del inconsciente en la educación y transmisión de la fe.

Cuando leemos la parábola del Sembrador, distinguimos, por una parte, al sembrador, pensando en cómo este tiene que ser, de qué debe preocuparse, qué cosas debe tener en cuenta respecto a su cargo, cómo debe contar con buena semilla y esparcirla en la mejor forma posible. Por otra parte, se debe tener en cuenta la realidad del terreno en el cual cae la semilla. Esta debe ser muy buena y debe ser esparcida de muy buena forma. Sin embargo, puede ser que el terreno, como dice la parábola, sea árido, que la semilla pueda caer entre las zarzas, en el camino y ser comida por las aves.

¿Cuál ha sido nuestra experiencia y nuestro método de evangelización? Normalmente buscamos elegir la buena semilla y esparcirla de la forma más adecuada posible, a fin de que llegue a quienes reciban el anuncio de la Buena Nueva.

Tradicionalmente, lo que importaba en la transmisión de la fe era la razón y la voluntad; explicar de la mejor forma posible el contenido de las verdades y pedir que se cultivaran las actitudes evangélicas, fortaleciendo nuestra voluntad.

Todo lo que se refería a las pasiones o a los instintos, eran realidades que normalmente acusaban las heridas del pecado original, y que, por lo tanto, más que integrar, había que controlar, podar o reprimir.

Paulatinamente se fue considerando el extraordinario valor que tienen el afecto y, en este contexto, los instintos, como, por ejemplo, el instinto materno que lleva a asumir grandes sacrificios para el bien de los hijos, o el valor de las pasiones en relación con la verdad o a los ideales.

Nuestro padre, además, desde el punto de vista sicológico dio gran importancia a los procesos pedagógicos que son lentos y que, muchas veces, implican el desarrollo de algunos aspectos de la personalidad y el cultivo de otras facetas que significan una maduración de la personalidad como tal.

En este sentido, el fundador de Schoenstatt introdujo, desde muy temprano, la importancia de que las verdades y exigencias de la fe fuesen entregadas considerando la sicología de las personas. Es muy distinto evangelizar en el mundo femenino o masculino, o a personas que han contraído matrimonio o a quienes han optado por la entrega virginal a Dios. Es distinto evangelizar a niños, a adolescentes o a jóvenes. Incluso, dentro de un grupo considerado "homogéneo", las distintas personas pueden estar viviendo procesos sicológicos diferentes que condicionen su receptividad a la evangelización

El P. Kentenich hablaba de la receptividad sicológica de las personas y comunidades y, en este sentido, de una pedagogía dinámica o de movimiento que tomaba en cuenta la perspectiva de intereses de las personas; y que, además, confiase en las personas y fomentara la libertad.

Sin embargo, uno de sus más importantes aportes a la evangelización es haber tomado en cuenta, de modo muy especial, el papel básico que juega el inconsciente en nuestra labor pastoral. Así se adelantó mucho a algo que, todavía poco, se ha asumido en la espiritualidad y pastoral de la Iglesia.

b. Importancia pedagógico-pastoral del inconsciente

El P. Kentenich es prácticamente contemporáneo con Sigmund Freud, quien abre las puertas al psicoanálisis y al inconsciente, especialmente en personas que padecían trastornos patológicos.

Seguramente nuestro padre tuvo conocimiento de lo que estaba proponiendo Freud.

Pero, a diferencia de este, nuestro padre se centra en la realidad misma del inconsciente de personas que no padecían trastornos patológicos en este orden. Y asume el hecho de que, más allá de la razón, de la voluntad, de los instintos y del afecto, se da en cada persona la realidad del inconsciente.Desde la profundidad de nuestro ser surgen impulsos, intereses o rechazos, que se adelantan a una reflexión o a lo que queremos hacer usando nuestra libertad.

Partiendo de la doctrina de la armonía de la naturaleza y la gracia, como lo mencionamos anteriormente, nuestro padre toma en cuenta que la persona humana recibe la gracia no como un regalo que nos cae de lo alto y se instala sin más en nuestro ser. Destaca que esa gracia la recibimos de acuerdo con nuestra receptividad consciente y también inconsciente.Él alude, en este contexto, a un adagio escolástico que dice: *Todo aquello que se recibe, se recibe de acuerdo con el receptor.* Si se vierte agua en un vaso esta toma la forma del vaso. Si vierto esa agua en una copa, el agua tomará la forma de la copa.

Para que la recepción de las verdades de la Buena Nueva sea positiva, se requiere no solo que sean explicadas clara y atractivamente, sino que en las personas encuentren una predisposición inconsciente positiva para acogerlas.

Santo Tomás de Aquino hablaba, en este sentido, de un *"pius credulitatis affectus"*, es decir, de una predisposición afectiva positiva a creer.

Podemos entender con nuestra razón lo que se nos dice de Dios Padre y de una actitud filial ante él, sin embargo, si han mediado experiencias negativas de paternidad y de autoridad, normalmente nos resultará difícil acoger esa verdad. Algo en nuestro interior nos hace rechazarla o que la veamos como una atadura que nos impide ser nosotros mismos, o que, simplemente, no nos interese lo que se nos propone. Las vivencias que aniden en nuestra alma no constituirán un "puente sicológico" para comprenderlas y adentrarnos en ellas.

La fe nos habla de un modo filial de relacionarnos con Dios; nos dice que Dios cuida de nosotros, que tenemos una madre, María, y que en Cristo somos hermanos entre nosotros. ¿Cómo son recibidas estas verdades?

c. Sanar el inconsciente

Hoy, casi habría que decir que la cultura actual destruye sistemáticamente los vínculos personales. Con ello se generan, en nuestro interior, resistencias o falta de interés respecto a lo que se nos propone como Buena Nueva.

Nos quedamos con el amor fraterno, con ser serviciales, humildes, con la necesidad de ser solidarios y ocuparnos de los más pobres y desamparados. Podemos igualmente convertirnos en luchadores que abogan por la dignidad del hombre y luchan contra las injusticias sociales.

Todo eso podemos entenderlo y nos puede entusiasmar y por cierto que está bien que lo hagamos. Pero cuando se nos habla de un Padre Dios misericordioso, que es poderoso y que gobierna el mundo; que tenemos que tener ante él una receptividad filial y ser como los niños, eso no entra tan fácilmente en nuestro corazón. En el mejor de los casos, podemos entenderlo conceptualmente, pero no lo "sentimos".

¿Por qué? Porque inconscientemente anidan en nosotros experiencias marcadas por una neutralidad o vacío, o por una relación negativa con nuestro propio padre o con una determinada autoridad. No nos sentimos movidos a confiarnos a un Dios Padre, sea porque sicológicamente nuestro padre fue un gran ausente en nuestra niñez o porque nos maltrató; porque fue una persona autoritaria y abusó de su poder paterno; porque no creyó en nosotros y no nos sentimos respetados ni libres ante su autoridad amenazadora que coartaba nuestra libertad; o porque estaba sumergido en sus negocios o pegado al televisor o celular viendo el último partido de futbol. Su ejercicio de la autoridad se redujo a mandar y a castigar, pero no a enaltecernos y ayudarnos a seguir adelante.

De allí el rechazo "visceral" e inconsciente a una autoridad paterna. No queremos estar bajo la autoridad de nadie ni menos de un padre. O bien, la otra reacción, en el mismo sentido, es no importarnos nada, no nos va ni nos viene que haya un padre de quien se nos habla.

Cuando analizamos el contenido de la Buena Nueva, vamos a hablar de términos y realidades como lo son, por ejemplo, el que Dios es Padre, el que Cristo es Hijo, el que formamos una Iglesia como una familia, que tenemos un padre, una madre y hermanos.

No basta con explicar en forma correcta las verdades, ni con presentarlas según una pedagogía que toma en cuenta la orientación psicológica de las personas. Más allá de ello, la pedagogía de la fe debe considerar cómo educamos el inconsciente, de forma que, al transmitir las verdades de la fe, éstas encuentren un eco positivo en el alma de quienes evangelizamos.

El que esparce la semilla, los educadores que siembran en un terreno árido, deben contar con los medios aptos para hacer de esa tierra, una tierra apta para que fructifique la Buena Nueva.

Todo lo que vamos experimentando, especialmente en nuestras vivencias, va siendo registrado por nuestro inconsciente. Allí anidan predisposiciones positivas o negativas, que afloran al consciente en determinados momentos: surgen tendencias, simpatías o antipatías, predisposiciones que nos inclinan a algo o, al contrario, provocan en nosotros un rechazo.

Si la persona cuenta con vivencias positivas que lo dispongan a recibir la verdad revelada, acogerá con mayor facilidad la verdad que le ofrecemos. En el caso contrario, tendrá una reacción negativa a acoger lo que se le ofrece o, simplemente, no le interesará.

d. Posibilitar vivencias positivas

Lo que propone nuestro padre fundador, en primer término, es procurar vivencias sanas de paternidad, de maternidad, de fraternidad.

La educación más profunda que se da en el hogar es insustituible, ya que, en el seno de la familia, se pueden dar las vivencias más hondas que calan en lo profundo del subconsciente. Es una educación ante todo que se da con la creación de un "ambiente". Los hijos respiran y viven en ese ambiente y si en este se dan vivencias positivas, entonces los padres, sin necesidad de recurrir constantemente a órdenes o castigos, sin que tengan que "aclarar" lo que los hijos deben hacer, generan costumbres positivas con las cuales se transmiten en forma natural los valores que deseamos cultivar.

Ahora bien, es necesario tener en cuenta, en este contexto, que, si hablamos de "vivencias ", es importante decir que no nos referimos a cosas que pueden habernos impresionado o impactado, como puede habernos sucedido, por ejemplo, cuando asistimos a un encuentro musical multitudinario. Esas impresiones luego permanecerán solo como un recuerdo en nuestra mente. Se trata más bien de experiencias que han calado hondo en nuestra alma. No de experiencias de algo que pudo impactarnos en un momento determinado, pero que no dejan una huella profunda en nosotros.

Por ejemplo, si hay un accidente y en él muere una persona. Alguien puede quedarse impactado al ver ese accidente y relatarlo como una noticia; otra persona podrá simplemente tomar nota y seguir de largo; en otra persona, en cambio, ese accidente calará hondamente en ella y la llevará a reflexionar que podría haber sido ella la atropellada y haber quedado tendida en la calle. Y eso le lleva a cambiar su estilo de vida. En otras palabras, se da una vivencia cuando hay valores que hemos internalizado y que resuenan con el hecho y experiencia que nos impactan.

Podría darse también que no se trate de una vivencia solamente de un hecho concreto, sino de hechos que se repiten en el tiempo y que calan profundamente en nuestra afectividad y en nuestro inconsciente.

Esto puede darse cuando alguien, por ejemplo, va experimentando en su relación con una persona, que esta es "confiable", que no lo engaña, que es fiel, etc. Entonces, a partir de esa experiencia, no será interiormente una persona recelosa o temerosa.

El P. Kentenich destaca especialmente la necesidad de que los padres y los educadores de la fe, como señalamos anteriormente, se preocupen de posibilitar vivencias positivas de paternidad y filialidad; que creen en torno a sí un ambiente donde, sin mayores palabras, "se respire" una paternidad y filialidad positivas.

En este sentido, el P. Kentenich destaca la importancia capital que tiene el desarrollar una pastoral familiar, preocupándonos de la educación de auténticos y verdaderos padres a imagen de Cristo Jesús, Cabeza de la Iglesia; de la educación de madres, capaces de acoger y de servir desinteresadamente a sus hijos con un afecto incondicional y con un cuidado preferencial respecto a los hijos más limitados.

Él destaca la importancia de que los educadores sean verdaderamente paternales y establezcan un vínculo personal con quienes están a su cargo, para que estos, como dijimos, cuenten con vivencias que los predispongan a acoger positivamente las verdades reveladas.

La Visitación Canónica a Schoenstatt, en 1949, centró su atención en "los problemas pedagógicos" que, a juicio del Visitador, se daban en la relación que existía entre el P. Kentenich y las Hermanas de María.Se trataba del "método pedagógico" aplicado por nuestro padre. Lo que sucedió en torno al Jardín de María responde al intento de que se generasen vivencias que calaran hondo en las personas y abrieran así paso al mundo de los vínculos con las personas del orden sobrenatural.

No se trataba, como temía el Visitador, de una relación afectiva "peligrosa", sino de fomentar vivencias radicalmente sanas que aseguraban y reforzaban la recta recepción de la Buena Nueva del Padre Dios, del ser en Cristo una familia y responsables, en el orden de la gracia, los unos por los otros.

Algo análogo a lo que se vivió en el Jardín de María se tendría que dar también en la familia natural y en todas las comunidades que busquen vivir una fe plena.

Recordemos uno de los tantos textos de nuestro padre al respecto, tomado esta vez de la charla para las Señoras de Schoenstatt en 1966:

> *Si el amor a Dios no conoce vivencias previas en el orden natural, entonces es extraordinariamente difícil —posible en cierto modo, pero enormemente difícil— tener vivencias sobrenaturales centrales, sin esas vivencias previas. Si se habla, entonces, de una cruzada del amor orgánico, esto significa que amamos, en última instancia, todo lo que para nosotros es digno de ser amado. Cuando se trata de personas, no amamos solamente al Dios viviente, amamos también al ser humano; amamos, sobre todo, y experimentamos a aquellas personas que son para nosotros como un transparente del Dios eterno.*

¡Amor personal! Si retomamos todo lo que podemos registrar hasta ahora como resultado del desarrollo de aquello que ustedes mismas han escogido: una relación filial para con un padre común, vemos que solo por la explicación anterior podrán entender también por qué yo he recibido su amor filial de manera tan simple, llana y obvia. Esto se debe sobre todo por la conciencia de que, si no se recupera hasta cierto punto, a nivel natural, un autentico, profundo amor filial, me parece casi imposible que podamos hacer realidad en nuestras vidas el amor sobrenatural a Dios.

Agregamos otro texto de nuestro padre en torno al mismo tema:

Hoy se nos hace muy difícil creer, creer en la vida diaria, experimentar, vivenciar que Dios es Padre, que Dios es bueno y que todo lo que él hace es bueno.

Fíjense pues, que aquí comienza nuestra misión. Tengan presente, recuerden –quizás lo que les digo ahora sea ya parte de su vida–: por lo común una vinculación verdadera con Dios Padre se genera a partir de vivencias anteriores.

¿A qué nos referimos con vivencias anteriores? A la vivencia de una vinculación auténtica y correcta con nuestro padre biológico. Porque si nuestro padre fue la caricatura de un verdadero padre; si fue un dictador que reaccionaba echando mano al látigo o la vara, entonces, hablando humanamente y en general, será

imposible que más tarde desarrollemos otra imagen distinta de Dios Padre. La transferencia de la imagen de nuestro padre terrenal al Padre del Cielo es un fenómeno muy común. ¿Se dan cuenta de que en este punto tenemos una gran misión que cumplir? (De: Unsere Hoffnug sind die Väter, Patris-Verlag)

e. *Las vivencias negativas*

Los educadores o evangelizadores normalmente se encontrarán con jóvenes y adultos que sí han tenido profundas vivencias negativas. ¿Qué hacer en estos casos?

Freud proponía, para sanar a las personas, elaborar terapéutica y supervisadamente la vivencia de autoridad y de padre, para que la persona pudiera comprender y enfrentar esa relación clave y se sintiera libre, autónoma y pudiese hacer lo que quería, sin ataduras que la coarten.

El P. Kentenich propone considerar y asumir o sanar el inconsciente, no de personas que padecen trastornos patológicos, sino de personas "normales" que pueden haber sufrido carencias o maltratos. Estas personas debiesen contar con la posibilidad de sanar su inconsciente a través de lo que el P. Kentenich denomina las "vivencias supletorias".

Quienes hayan sufrido experiencias negativas, normalmente serán personas inseguras y recelosas; les costará abrirse a los demás y establecer vínculos sanos; o reeditarán el autoritarismo y abuso de poder en el cual ellos fueron educados, que generan rebeldía o el anarquismo; o bien, no poseerán una real seguridad existencial. Carecerán de esta forma del puente sicológico que los abra a la fe.

Estas personas deberían poder ir experimentando progresivamente, vivencias positivas de padre, de madre, de familia y de fraternidad. Vivencias que vayan corrigiendo y remodelando o sanando su inconsciente. Tendrían que poder experimentar vivencialmente en aquellos que les transmiten la Buena Nueva, la bondad de esa paternidad y autoridad que Dios Padre quiere regalar a través de ellos.

Durante toda su vida de educador de la fe nuestro padre fundador practicó lo que más tarde enseñó. Por eso, viendo los resultados obtenidos propone con mucha decisión lo que hemos expuesto

2.3. La vivencia paterna

Nos parece adecuado citar aquí un texto que escribiera nuestro padre fundador al inicio de su estadía en el exilio.

Se trata de un texto sobre el padre de familia. Ciertamente también podríamos agregar aquí un texto sobre la maternidad. Elegimos este porque nos parece que es más desconocido el pensamiento de nuestro padre sobre la paternidad. En cambio, el tema sobre la maternidad es más conocido.

Recordemos que no se trata de que el padre sea más que la madre. Se trata de funciones diversas y complementarias. Ninguna reemplaza a la otra. Dios las pensó como dos funciones complementarias, para el bien de la familia y de la sociedad.

Se trata de un texto más extenso, pero de gran sabiduría, que nos permite adentrarnos aún más en el carisma patrocéntrico del P. Kentenich. Sus palabras son claras y sugerentes.

> *En relación con la "nueva ribera" es muy importante tener en cuenta, y en todos sus aspectos, el tema del organismo, vale decir, el organismo de vinculaciones natural y sobrenatural y su mutua interrelación. Sin embargo, parece que en muchos ambientes este pensar es desconocido. Nos referimos aquí a grupos que, por lo general, cultivan una orientación unilateralmente conservadora, o que están influenciados por el idealismo filosófico, por el protestantismo o bien por concepciones mecanicistas y colectivistas. Por eso mismo, carecen del órgano adecuado para apreciar procesos vitales novedosos.*

En cambio, nosotros vemos, por ejemplo, en el principio paterno una manifestación concreta y central del pensar orgánico. En esta coyuntura histórica, nos proponemos llevarlo a la otra ribera, adaptándolo a los tiempos nuevos, pero a la vez manteniéndolo en su pureza. A través de este rescate y traslado confiamos asegurar, también en los tiempos nuevos, el orden natural y el sobrenatural, en su integridad y en su mutua interrelación. Y asegurarlo no solo simbólica sino también realmente. Ya hemos demostrado muchas veces cuán profunda es la relación que existe entre la imagen terrena de padre y la divina. Con toda razón entonces se puede sacar la conclusión de que un tiempo sin padres es un tiempo sin Dios y un tiempo amante de los padres es un tiempo lleno de Dios.

Para santo Tomás de Aquino la autoridad paterna constituye la potestad terrena primordial. Precisamente porque es reflejo de la paternidad divina, origen y autora de la vida. De ahí que toda autoridad en el cielo y en la tierra, en la familia y la sociedad, en la política y en la economía sufra el mismo destino que se le depare a esa autoridad paterna.

En este sentido, León XIII, que tenía puesto su oído cuidadosamente sobre el corazón de Dios y su mano en el pulso del tiempo, no se cansa de proclamar esta interrelación de la cual hablamos y el orden objetivo del ser como fundamento y norma del orden de vida subjetivo querido por Dios. Y lo hace basándose en santo Tomás.

El orden social cristiano descansa entonces en el orden natural. Por eso se apoya en la autoridad paterna, la que constituye el fundamento, la garantía y la protección de todo poder en todas las formas de vida comunitaria.

El Padre eterno se reveló al mundo en su Unigénito como Aquel que ama por encima de toda medida, a través de su Providencia especial e incomparable que todo lo abarca. Desde ese momento, por el testimonio de la vida y de la enseñanza de Cristo, la autoridad paterna es despojada de toda arbitrariedad brutal, uniendo en ella, en sabia mezcla, la dignidad, la sabiduría y la solicitud paternales.

A partir de entonces, cuando el oído humano escucha la palabra "autoridad paterna", ya no percibe soolo la fuerza, la firmeza, la voluntad imperiosa de dominio, la constancia indeclinable o el poder creador inexorable, ni mucho menos los caprichos de un dictador que dispone arbitrariamente sobre los demás como si fuesen ganado o sacos de cemento, reducidos a números o engranajes sociales... No; el hombre percibe ahora en la autoridad paterna el amor y la bondad, la servicialidad abnegada y la voluntad de entrega signada por el espíritu de sacrificio, para ser así "auctor", vale decir, autor de la vida de la manera más amplia: en sentido biológico, espiritual y religioso. Por este último camino la autoridad paterna apunta a conquistar, día a día, el amor, el respeto y la docilidad de sus hijos; a proteger y cuidar amorosamente de su esposa y ma-

dre, especialmente cuando ella, en profunda biunidad, espiritual y física, gesta en su seno la vida del hijo como en un río de vida.

Cuando el padre humano se inclina ante los deseos y la ley de Dios cultivando la vinculación interior con Dios que es Padre y Legislador, se convierte en representante y custodio fuerte y bondadoso de la autoridad divina y de sus derechos indeclinables a la docilidad y acatamiento humanos en el marco de su familia. De este modo siembra profundamente en la voluntad, el corazón y la afectividad de los suyos, la sumisión a las leyes morales, expresión de la soberanía y del amor paternales de Dios.

Tanto cuando es reflejo humano de la justicia de Dios como cuando encarna la bondad y misericordia divinas, nunca priva a los suyos del amparo que les dispensa individual y personalmente; nunca los priva de la fuerza creadora infatigable ni de los inmensos tesoros de su corazón. De esa manera, el padre humano halla el sano punto de equilibrio entre sentimentalismo y brutalismo; entre una condescendencia blanda e imprudente o caprichos sensibleros y una prepotencia y opresión que asfixia el ser y la voluntad filiales del individuo. Así, también sabrá aceptar seriamente a sus hijos tal cual ellos son en realidad y tal como ellos, de acuerdo al plan de Dios, deben ser y actuar en el mundo, con su propia manera de ser, original y marcada por Dios. Aceptará, por último, la misión personal de cada uno para la cual él, como padre humano, los debe educar y formar.

A la luz de estas reflexiones, se comprenderá con cuánta razón Pestalozzi considera que la paternidad es, por excelencia, el fundamento sobre el cual descansa toda educación. En esta línea, Siewerth define la educación como la "percepción y asunción integral del niño con una responsabilidad paternal". Y añade, a manera de comentario, que no hay otra definición que alcance, o al menos se acerque, a la originalidad, exactitud, amplitud y complejidad de esta formulación.

Así como la auténtica maternidad es elemento integrante de la madurez de la mujer –incluso de la soltera– así también, en el caso del hombre lo es un alto grado de firme paternidad. La paternidad no debe ser valorada solo como presupuesto para un conocimiento vital de Dios y considerada como una "prolongación de la paternidad divina", sino que ella también preserva la existencia humana de la degradación y salva el orden social del derrumbe.

En efecto, la carencia de paternidad acarrea a la humanidad mayores peligros que los que pueda traer consigo un déficit equivalente de maternidad. Vale decir que no basta con complementar la masculinidad con la maternidad en el conjunto de la cultura y hacer que conforme con ella una unidad de tensión, sino que la masculinidad debe encontrar en sí misma un equilibrio. Y esto ocurre a través de la riqueza de la paternidad que hace al hombre –para utilizar una frase de Lacordaire que este aplica al sacerdote– duro como un diamante y tierno como una madre.

La masculinidad sin paternidad se convierte en una flecha que tiende continuamente a lo infinito sin retorno al punto de partida; en un judío errante que no sabe de descanso; en un trabajólico que, en perpetua inquietud, planifica y ejecuta, ejecuta y planifica; en una fuerza disolvente que no une ni reúne en aras de una profunda responsabilidad por el amor y la vida; en una furia destructiva que transforma el mundo en un montón de escombros. El hombre que no es padre pasa a ser una bestia, un monstruo, un asesino de la vida, un sepulturero de toda la cultura. He aquí, delante de nuestros ojos, la imagen de Occidente y el ideal de una era tecnificada y colectivista.

La paternidad, de manera semejante a la maternidad, se despierta por la filialidad. Allí donde reine una situación familiar normal, la paternidad se nutre de vivencias de la infancia que cooperan en ese sentido; en casos excepcionales, también se puede nutrir de vivencias de contraste; la paternidad se desarrolla hasta alcanzar su madurez mediante un posgustar consciente de la acción de la divina Providencia en la vida propia y ajena.

A la luz de la importancia que reviste la paternidad, se comprende entonces por qué todos los movimientos que aspiran a generar un orden social nuevo desprendido de la ley natural y del cristianismo positivo, se oponen por todos los medios a ese pilar fundamen-

tal de la vida y del orden humanos y trabajan por su destrucción. Porque mientras exista la paternidad no puede haber repetición estéril, ni "igualdad", ni individuos anónimos reducidos a meros números, ni rebaños u hordas salvajes que se inclinen dóciles y ansiosas ante el látigo o la vara del dictador, idolatrando y glorificando a la vez a sus propios verdugos.

De modo inverso, del victorioso avance del colectivismo en todo el mundo se puede inferir con seguridad el debilitamiento de ese pilar fundamental del orden mundial. Catástrofes de tales dimensiones tienen su historia; no se abaten de un día para otro sobre la humanidad. La precipitación de este fenómeno y su fatal descarga es fruto de un proceso de siglos. En un artículo sobre "La expulsión del padre", Gotardo Montesi trata de arrojar luz sobre el tiempo sin padres que vivimos. Allí dice:

> *"La rebelión contra el padre es una de las características de la época moderna tardía. La rapidez del desarrollo social y el cambio acelerado de las ideas directrices agudizó el problema generacional provocando antagonismos irreconciliables. Y así un tema favorito de la literatura finisecular fue el odio y la rebelión contra el padre incomprensivo, aburguesado y despótico. Luego los democratistas, anarquistas y colectivistas polemizaron contra el padre y su hegemonía. Y todos por una misma razón: había que derrocar*

la autoridad paternal para imponer la 'igualdad' que cada uno propugnaba con matices propios. Luego vino la ofensiva de los psicoanalistas contra el padre. ¿Hay una manera más drástica de poner en tela de juicio la autoridad paterna que interpretándola a la luz del 'complejo de Edipo'? Por este camino la vinculación del hijo hacia su padre es reducida a una relación de celo y odio inconscientes y traumáticos frente a quien es visto como el 'dueño de la madre en el área de la sexualidad'; y así se explica y desarrolla la vinculación paterno-filial basándose en dicha interpretación. Ante semejante visión de la vinculación entre padre e hijo, ¿qué queda de los derechos y aspiraciones de la autoridad paterna? Este teorema ha pasado a ser un lugar común de los lectores de diarios y ha desplegado una terrible fuerza desintegradora".

Finalmente, el padre fue librado al ridículo de la caricatura, relevando como figura cómica a aquella de la suegra, favorita de antaño. Muchas de las caricaturas de la producción humorística corriente aluden a la figura del padre, aun cuando no se advierta enseguida esa función. Por otra parte, prácticamente han desaparecido de la 'gran literatura' los conflictos de padres e hijos. El caso está cerrado. El padre es una 'quantité negligeable' contra el cual ya ni siquiera se lucha, sino que simplemente se lo pasa por alto".

Luego el autor demuestra que la fuente de las mayores crisis de la familia de nuestro tiempo, surgen precisamente de la desaparición de la autoridad del padre:

"La ausencia del padre no es la única causa de los síntomas de disolución en la familia, pero sí lo es en gran parte. Pensemos en cuántas familias hay solo un 'esposo' de la mujer, un hombre que ya no cumple más la función de padre, aparte de la biológica.

La 'democratización' del derecho conyugal impulsada por los planificadores sociales de línea 'liberal' y 'socialista' hace el balance de la destitución del padre y quiere consumar ese derrocamiento de manera total y definitiva. En realidad, por lo común no les preocupa la 'equiparación jurídica de la mujer' —esto es un pretexto de tinte humanitario — sino la liquidación de la autoridad paterna. ¿Acaso no hay tendencias 'modernas' de la pedagogía familiar que buscan diligentemente el modo de prescindir de una auténtica autoridad, en especial de la del padre? Estas tendencias se manifiestan a nivel popular en la figura paterna de los diarios, películas y novelas, igualmente necia y anárquica: un padre que disimula su condición de tal y pretende relacionarse con sus hijos no tanto como padre sino como 'camarada', vale decir, que renuncia 'democráticamente' a su autoridad.

La ausencia del padre —y nos referimos aquí también muy expresamente a los padres de familia— en el ámbito de la política significa la desaparición de un principio natural de ordenamiento y articulación de la sociedad, más aún, del principio natural más importante. Allí donde falte el padre, allí donde los padres, en su calidad de padres (y no de simples 'votos'), ya no tengan voz en la cosa pública, la sociedad se atomizará y finalmente se convertirá en una masa informe. Esta situación es condición para el establecimiento de la gran estructura colectivista: el aparato de seguridad, la maquinaria social totalmente planificada, el estado absoluto.

Por eso los partidarios del colectivismo tienen que provocar en la sociedad una situación de 'carencia de padre' allí donde todavía no exista; por eso son los enemigos acérrimos del padre, por ende, de la familia. Porque recién cuando se venza la autoridad de los padres, la más persistente y tenaz de las autoridades auténticas, fundamentadas en el derecho natural y la ética; recién cuando expugnen ese sólido bastión de la libertad de la persona y de la comunidad natural y personal, recién entonces se podrá mecanizar totalmente la sociedad y manejarla desde el tablero de mando de una suprema comisión de planeamiento, vale decir, realizar el ideal de los ejecutivos".

El gobierno y la política carecen de la fuerza creativa de la paternidad. O dicho de otra manera: no logran actuar a imagen de la Providencia divina especial. Por eso no son capaces de detener la ruina y llevar a cabo un trabajo verdaderamente positivo y constructivo.

De lo dicho puede deducirse fácilmente que una comunidad que se sienta llamada a cooperar en la labor de llevar exitosamente hacia la otra ribera al mundo y a la Iglesia, con todos los pilares fundamentales del orden social cristiano, debe dedicarse con sumo esmero al rescate de la más noble paternidad. Porque sin paternidad no hay tranquilidad ni orden, no hay paz en el mundo. Sin paternidad se clausura el camino más accesible a Dios. Dios quiere ser invocado con el nombre de "padre"; por eso, sin paternidad, Dios no puede mirar con complacencia un mundo en el cual busca inútilmente reflejos suyos, personas que se orienten según aquellas palabras de Rückerts: "Un padre debe poder decir cada día a Dios en la oración: 'Haz que en el trato con mi hijo, pueda ser un representante cabal de tu paternidad'."

La historia de la paternidad en la familia es la historia de la cultura. En el amor de un padre tiene que haber algo de ese amor insondable de Dios. Y cuanto más profundo sea y tanto más claramente se lo perciba, tanto más profundamente reconocerá el hijo en dicho amor un reflejo del amor divino. (Kuckhoff)

Si se asegura la paternidad en toda la amplitud del orden del ser y del vivir, ello será entonces una prueba válida de que el organismo de vinculaciones natural y sobrenatural funciona, en todo sentido, tal cual Dios lo quiere. (...)

¿Existe en algún otro lugar un caso como el nuestro? Luego de un examen riguroso de la realidad, es

justo emitir el siguiente juicio: en ninguna parte se encuentran huellas de un marcado movimiento del Padre, de un movimiento orgánico del Padre tal como nosotros lo concebimos.

Vale decir, en ninguna parte fuera de Schoenstatt. En la medida de nuestros conocimientos, no se encuentra un Movimiento de estas características, que solo se ha arraigado en Schoenstatt. Y domina en este de tal modo la oración y la vida de la Familia en su conjunto, que frente a ella la corriente mariana pasa a un segundo plano.

Sea como fuere, esta última (la corriente mariana) no ha sido un impedimento para su desarrollo, sino que parece haber alcanzado su meta definitiva en la corriente del Padre.

En efecto, parte esencial de su misión es la de nutrir, continua y cuidadosamente, esa corriente orgánica del Padre que la corriente mariana genera, sostiene y protege con firmeza, despejando el camino que le permita realizar una marcha victoriosa a través del tiempo actual. [18]

---

18 P. Kentenich, en *Studie, 1952 (citado según: Regnum 1975*, p. 80 ss.). El texto citado se encuentra, además, en el libro *"En las Manos del Padre"*, Editorial Nueva Patris, pp.195-205.

V. LA AUTORIDAD

1. UN TEMA CENTRAL

1.1 Una autoridad abusiva

El tema sobre la autoridad está estrechamente relacionado con lo que vimos anteriormente. Lo analizaremos en la perspectiva de la generación de vivencias, que permite que la Buena Nueva encuentre en nosotros una receptividad positiva al Dios "que gobierna el mundo", que es omnipotente y todopoderoso.

Dado que contamos en nuestra cultura con graves deformaciones en la concepción y ejercicio de la autoridad, es preciso también analizar, apoyados de la enseñanza de nuestro padre y fundador, esta importante temática.

Se precisa una revisión de la esencia de la autoridad y de su ejercicio. Ello requiere una comprensión más profunda de la misma, de modo que aquellos que detentan autoridad puedan ejercerla según el querer de Dios. Así, junto con sanear su ejercicio al interior de la Iglesia y en el orden temporal, ser capaces de generar vivencias positivas en las personas y comunidades que están bajo su cuidado.

En otras palabras: nuestro modo de ejercer la autoridad debe poner de manifiesto una gran armonía y congruencia con el modo en que Dios ejerce su autoridad.

¿Qué receptividad muestra el hombre actual al respecto? ¿Acepta con gusto el hecho que Dios es la última autoridad? ¿Qué sucede en nuestro inconsciente? ¿Cuál es nuestra reacción instintiva cuando se nos habla de autoridad o tenemos que enfrentarnos ante una autoridad?

Las vivencias de autoridad siempre, pero especialmente en el siglo pasado y hoy, no son especialmente positivas. Mejor dicho, en muchos casos son tremendamente negativas. Actualmente existe una cultura que dificulta reconocer la autoridad, lo cual, como veremos, hace cada vez más difícil que se comprenda al Dios todopoderoso.

¿Qué ha sucedido en la Iglesia y en la sociedad con el ejercicio de la autoridad? ¿Seguimos las huellas del Señor en esto?

Si decimos que el ideal de la santidad es cumplir y aceptar todo lo que Dios nos pida y que él posee un plan de amor y que Cristo quiere someter la humanidad entera a Dios Padre, se nos miraría con extrañeza y se pensaría que estamos locos, porque hace tiempo que ya pasó el patriarcalismo y el autoritarismo: hoy lo que cuenta es ser plenamente libres.

Por otra parte, aducir el argumento de autoridad basado en lo que la Iglesia dice, tampoco encuentra mucha acogida.La experiencia de autoridad desde el mismo seno de la familia como en la sociedad en general, a menudo ha estado marcada por el abuso y el maltrato.

Pensemos lo que significa la poderosa corriente femenina que se ha dado tan fuertemente a partir del inicio del siglo XX. Esta corriente es una reacción respecto a una autoridad del varón que a menudo ha sido ejercida, cometiendo abusos de poder, marcada con una actitud "machista" que considera y trata a la mujer con un autoritarismo que la denigra.

No necesitamos ser sociólogos o historiadores para constatar lo que ha sucedido en el mundo con el ejercicio de la autoridad. ¡Cuánto abuso de autoridad ha habido en todos los campos! En el ámbito político, en los gobernantes, en el mundo del trabajo, en la familia, etc.

No menos relevantes han sido los problemas de abusos de autoridad que se han dado también al interior de la Iglesia, que arrastra a menudo un autoritarismo y clericalismo que no corresponde al ejemplo y enseñanza del Señor.

Cuando el P. Kentenich se refiere a la consecuencia o inconsecuencia del modo en que se ha ejercido la autoridad, afirma que hubo un cambio capital en la Iglesia en tiempos de Constantino, cuando el cristianismo pasó a ser la religión oficial del Imperio. Se asumieron entonces las costumbres y la forma de concebir y ejercer la autoridad que se daba en el Imperio Romano. El Papa se veía a menudo como un rey; los obispos, como señores feudales; los párrocos, como alguien que hace y deshace en su negocio. Pero no solo dentro de la Iglesia sino que en toda la sociedad se dieron múltiples deformaciones en el ejercicio de la autoridad.

Que "el poder corrompe", parece ser una realidad que a menudo se puede constatar. Ahora bien, si es así, entonces ¿qué pensar de un Dios que es todopoderoso y omnipotente?

La proclama de la Revolución Francesa es muy actual: igualdad, fraternidad y libertad. Todo ello sin "rey", sin paternidad

Lo que tenga que ver con fraternidad, con crear un mundo más humano, más fraterno, con el cultivo de la libertad y la lucha por vencer la injusticia social, todo ello es bienvenido.

Pero no se percibe suficientemente que esa fraternidad y justicia social no serán posibles sin que exista la autoridad, pero que esta debe concebirse y ejercerse de una forma muy diversa.

Cualquier equipo de futbol sabe que rendirá mejor con el acuerdo, no solo entre los jugadores, sino que especialmente del entrenador. Una empresa funcionará bien o mal según el modo de ejercer la autoridad de los ejecutivos de la misma y así se podría decir algo semejante en todas las comunidades o grupos humanos.

Si hablamos de María y de la alianza de amor con ella, normalmente no tendremos mayor problema. Si hablamos de autoridad o del "principio paterno" que encarnó e instituyó nuestro padre y fundador, sí que tendremos dificultades. En todo caso, nada más lejos en el P. Kentenich que el querer resucitar el autoritarismo o revivir un tipo de obediencia relacionada muchas veces con humillación y servilismo.

Por lo dicho, nos parece especialmente importante detenernos ahora en este aspecto, tratando de comprender mejor la envergadura de la misión patrocéntrica que emprendió nuestro padre y fundador, señalando temas que son de gran importancia desde el punto de vista de una nueva evangelización.

> *La dependencia de los superiores ya nunca más puede ser como fue antes. ¿Qué se debe hacer? Un cambio total del concepto de paternidad. ¡Cuánta libertad debemos dejar hoy como padres!*
>
> *(Vortrag am 31. Mai 1968 für Kurs Neue Vaterkindlichkeit. In: An seine Pars Motrix, Band 9, 250)*

1.2. Cristo nos muestra cómo debe ser la autoridad

Para abordar el tema de la autoridad, como lo hicimos en el capítulo anterior, en primer lugar, miraremos a Cristo.

Cuando fuimos bautizados el sacerdote hizo una cruz en nuestra frente ungiéndonos con el oleo santo, para que fuéramos miembros de Cristo profeta, sacerdote y pastor.

El Padre Dios designó a Cristo como Cabeza de la Iglesia y Rey del universo, llamado a instaurar el Reino de Dios aquí en la tierra y a ejercer, en este reino, la autoridad que él puso en sus manos. Nosotros, por el bautismo, participamos de su ser y misión. De este modo todos aquellos que posean autoridad y estén llamados a ejercer un rol de conducción, deben hacer presente y palpable el modo de conducción y de ejercer la autoridad que Cristo nos enseñó con su ejemplo y su palabra.

Cristo es el Hijo Unigénito del Padre Dios. En él encontramos la imagen auténtica de lo que es la autoridad de Dios y cómo él la ejerce. Quien lo ve a él, ve al Padre. Quien lo vea a él, ve en él cómo es la autoridad de Dios y cómo él la ejerce.

En primer lugar, recordamos algunos pasajes del Evangelio donde aparece con gran claridad la enseñanza del Señor al respecto.

El primero se refiere a esa escena en la que los apóstoles se peleaban, por quién sería el mayor entre ellos, el más importante. Ellos no debían ejercer la autoridad "como los grandes de este mundo".

> *La madre de los hijos de Zebedeo se acercó a Jesús, junto con sus hijos, y se postró ante él para pedirle algo. «Qué quieres?», le preguntó Jesús. Ella le dijo: «Manda que mis dos hijos se sienten en tu Reino, uno a tu derecha y el otro a tu izquierda». «No saben lo que piden», respondió Jesús. «¿Pueden beber el cáliz que yo beberé?». «Podemos», le respondieron. Está bien, les dijo Jesús, ustedes beberán mi cáliz. En cuanto a sentarse a mi derecha o a mi izquierda, no me toca a mí concederlo, sino que esos puestos son para quienes se los ha destinado mi Padre». Al oír esto, los otros diez se indignaron contra los dos hermanos. Pero Jesús los llamó y les dijo: «Ustedes saben que los jefes de las naciones dominan sobre ellas y los poderosos les hacen sentir su autoridad. Entre ustedes no debe suceder así. Al contrario, el que quiera ser grande, que se haga servidor de ustedes; el que quiera ser el primero que se haga su esclavo: como el Hijo del hombre, que no vino para ser servido, sino para servir y dar su vida en rescate por una multitud». (Mt 20, 20-28; cf. Mc 10, 42)*

Quien está llamado a gobernar y conducir, teniendo responsabilidad por los suyos, debe mirar y hacer propia la imagen del Cristo Buen Pastor.

Recordemos una vez más esta parábola, pensando ahora en que estamos llamados, en el ejercicio de nuestra autoridad y rol conductor, a guiarnos por el ejemplo del Señor.

Él nos explica antes que nada lo que él es y lo que él hace como el responsable de los suyos. Pero esto no solo nos permite gozarnos de ser ovejas de su rebaño, sino también nos invita a ser semejantes a él en el encargo que tenemos por los nuestros.

El evangelista une dos imágenes: Cristo es la "puerta" y Cristo es también el "Buen Pastor·.

> *Les aseguro que el que no entra por la puerta en el corral de las ovejas, sino que salta por otro lado, es un ladrón y un asaltante. El que entra por la puerta es el pastor de las ovejas. El guardián le abre y las ovejas escuchan su voz. Él llama a las suyas por su nombre y las hace salir.*

El Señor las "llama por su nombre" y las ovejas "conocen su voz". Es decir, existe un lazo personal, afectivo y profundo, entre el pastor y los suyos:

> *Cuando las ha sacado a todas, va delante de ellas y las ovejas lo siguen, porque conocen su voz. Nunca seguirán a un extraño, sino que huirán de él, porque no conocen su voz.*

Siguen al Buen Pastor, pero no a alguien que no conoce su voz.

Jesús les hizo esta comparación, pero ellos no comprendieron lo que les quería decir.

Entonces Jesús prosiguió: (…)Yo soy la puerta. El que entra por mí se salvará; podrá entrar y salir, y encontrará su alimento. (…) Yo he venido para que las ovejas tengan Vida, y la tengan en abundancia.

El Buen Pastor, "da su vida" por sus ovejas. Nunca las abandona. Es el Padre quien le ha dado sus ovejas. Y él las "conoce", como el Padre lo conoce a él. Este conocimiento no es un conocimiento intelectual, sino que el conocimiento que da el corazón. Se conoce verdaderamente aquello que se ama.

Yo soy el buen Pastor: conozco a mis ovejas, y mis ovejas me conocen a mí -como el Padre me conoce a mí y yo conozco al Padre y doy mi vida por las ovejas. (…)

El ladrón no viene sino para robar, matar y destruir. Pero yo he venido para que las ovejas tengan Vida, y la tengan en abundancia.

Yo soy el buen Pastor. El buen Pastor da su vida por las ovejas. El asalariado, en cambio, que no es el pastor y al que no pertenecen las ovejas, cuando ve venir al lobo las abandona y huye, y el lobo las arrebata y las dispersa. Como es asalariado, no se preocupa por las ovejas.

Yo soy el buen Pastor: conozco a mis ovejas, y mis ovejas me conocen a mí,.-como el Padre me conoce a mí y yo conozco al Padre- y doy mi vida por las ove-jas.(...) . Mis ovejas escuchan mi voz, yo las conozco y ellas me siguen. Yo les doy Vida eterna: ellas no perecerán jamás y nadie las arrebatará de mis manos. Mi Padre, que me las ha dado, es superior a todos y nadie puede arrebatar nada de las manos de mi Padre. El Padre y yo somos una sola cosa».(Jn 10, 12 y ss)

El Buen Pastor, como dice el salmo 23, lleva a sus ove-jas a verdes praderas, donde nada les faltará:

El Señor es mi pastor, nada me puede faltar.

Él me hace descansar en verdes praderas, me condu-ce a las aguas tranquilas y repara mis fuerzas; me guía por el recto sendero, por amor de su Nombre. Aunque cruce por oscuras quebradas, no temeré nin-gún mal, porque tú estás conmigo: tu vara y tu bastón me infunden confianza.

Tú preparas ante mí una mesa, frente a mis enemigos; unges con óleo mi cabeza y mi copa rebosa.

Tu bondad y tu gracia me acompañan a lo largo de mi vida; y habitaré en la Casa del Señor, por muy largo tiempo.

Traigamos a la memoria también lo que el Señor rea-lizó en la Ultima Cena, al término de su vida pública. Les da a los apóstoles una lección clara y experiencial de cómo debía ser la autoridad y el poder. Lo hace en forma gráfica, a fin de que nunca lo olvidasen: se levanta, se despoja de su manto, toma un lavatorio y realiza el servicio de un esclavo:

Antes de la fiesta de Pascua, sabiendo Jesús que había llegado su hora de pasar de este mundo al Padre, él, que había amado a los suyos que quedaban en el mundo, los amó hasta el fin. Durante la Cena, cuando el demonio ya había inspirado a Judas Iscariote, hijo de Simón, el propósito de entregarlo, sabiendo Jesús que el Padre había puesto todo en sus manos y que él había venido de Dios y volvía a Dios, se levantó de la mesa, se sacó el manto y tomando una toalla se la ató a la cintura. Luego echó agua en un recipiente y empezó a lavar los pies a los discípulos y a secárselos con la toalla que tenía en la cintura. (...) Después de haberles lavado los pies, se puso el manto, volvió a la mesa y les dijo: ¿Comprenden lo que acabo de hacer con ustedes? Ustedes me llaman Maestro y Señor; y tienen razón, porque lo soy. Si yo, que soy el Señor y el Maestro, les he lavado los pies, ustedes también deben lavarse los pies unos a otros.

Les he dado el ejemplo, para que hagan lo mismo que yo hice con ustedes. (...) Ustedes serán felices si, sabiendo estas cosas, las practican.(Jn 13, 1 y ss)

Rememoremos, por último, las recomendaciones que da san Pablo a su discípulo Timoteo:

Es muy cierta esta afirmación: «El que aspira a presidir la comunidad, desea ejercer una noble función». Por eso, el que preside debe ser un hombre irreprochable, que se haya casado una sola vez, sobrio, equilibrado, ordenado, hospitalario y apto para la enseñanza.

Que no sea afecto a la bebida ni pendenciero, sino in-

dulgente, enemigo de las querellas y desinteresado. Que sepa gobernar su propia casa y mantener a sus hijos en la obediencia con toda dignidad. Porque si no sabe gobernar su propia casa, ¿cómo podrá cuidar la Iglesia de Dios?

Y no debe ser un hombre recientemente convertido, para que el orgullo no le haga perder la cabeza y no incurra en la misma condenación que el demonio.

También es necesario que goce de buena fama entre los no creyentes, para no exponerse a la maledicencia y a las redes del demonio.

De la misma manera, los diáconos deben ser hombres respetables, de una sola palabra, moderados en el uso del vino y enemigos de ganancias deshonestas. Que conserven el misterio de la fe con una conciencia pura. (1Tim, 3, 1-7)

Los consejos de san Pedro son los siguientes:

A los presbíteros en esa comunidad, yo, presbítero como ellos, testigo de los sufrimientos de Cristo y partícipe de la gloria que va a descubrirse, os exhorto: Sed pastores del rebaño de Dios a vuestro cargo, gobernándolo, no a la fuerza, sino de buena gana, como Dios quiere, no por sórdida ganancia, sino con generosidad, no como dominadores sobre la heredad de Dios, sino convirtiéndoos en modelos del rebaño. Y, cuando aparezca el supremo Pastor, recibiréis la corona de gloria que no se marchita. (1 Pe 5, 1-4)

1.3 Cristo, Cabeza de la Iglesia

Consideremos ahora más de cerca lo que dice el Evangelio sobre el Señor como Cabeza de la Iglesia.¿Cómo puede decir este que todo está "sometido" a Cristo y en Cristo a Dios Padre? Ciertamente se trata de otro tipo de autoridad y de sometimiento, diverso al que constantemente estamos acostumbrados a ver.

Cristo es la "Cabeza" de la Iglesia. Si las "cabezas" o autoridades se ejercen desligándose del modo en que Cristo ejerce su autoridad, entonces tendremos que seguir experimentando las mismas aberraciones, quizás con otro ropaje, pero esencialmente iguales a las que siempre se han dado.

¿Cómo puede decirle san Pablo a las esposas que deben estar "sometidas" a sus esposos?:

> *Someteos unos a otros en atención a Cristo. Las mujeres a los maridos como al Señor, pues el marido es cabeza de la mujer como Cristo es Cabeza de la Iglesia. Pues, como la Iglesia se somete a Cristo, así las mujeres a los maridos en todo. (Ef 5, 21-24).*

¿Quiso san Pablo humillar a las esposas con esto o simplemente aplicó lo que se daba en ese tiempo y que se sigue dando hoy? ¿No habrá que analizar más de cerca que el "sometimiento" del cual habla san Pablo es muy distinto al sometimiento que esclaviza y humilla?

Con el término "sometimiento" sucede algo semejante a lo que pasa con el término "mundo" en el Evangelio. El mundo está dominado por el pecado, por eso los apóstoles "no son de este mundo".

Pero, en otro contexto, se habla diciendo:

Dios amó tanto al mundo que le dio a su Hijo único, para que todo el que crea en él no perezca, sino que tenga vida eterna". (Jn 3, 16)

¿Cómo ejerció Cristo el ser Cabeza? ¿Humillando, abusando, reduciendo a los demás a una esclavitud servil?

Dice san Pablo:

Maridos, amen a sus esposas, como Cristo amó a la Iglesia y se entregó por ella, para limpiarla con el baño del agua y la palabra y consagrarla, para presentar una Iglesia gloriosa, sin mancha ni arruga ni cosa semejante, sino santa e irreprochable. (Ef 5, 25-27)

Cristo ejerció su autoridad en una entrega total a la Iglesia, su Esposa. Él llega al extremo de dar su vida por ella para que ella sea santa e inmaculada.

Lo mejor que puede suceder a la Iglesia es estar "sometida" a esa Cabeza. Por eso, si el esposo se asemejase a Cristo, entonces la esposa estaría feliz porque se sentiría amada, respetada y enaltecida. El significado de ese "sometimiento" es muy diverso, significa estar abierto a recibir, a acoger, a abrirse por entero a la realidad de quien se le da. Y este, el que se da, lo hace con delicadeza y respeto, movido por un amor entrañable a su esposa.

El Señor quiso elevar el matrimonio a sacramento, para que fuese signo eficaz de su unión y entrega de Esposo a la Iglesia, su Esposa. Esto es lo que quiere hacer presente el sacramento del matrimonio, como signo sensible y eficaz de la unión de Cristo con la Iglesia. Esto para que se pudiera "ver" en él a Cristo Jesús, el Esposo, y para que en ella se hiciese visible la Iglesia.

¿Qué ha sucedido con los esposos? ¿Cómo han ejercido su autoridad?El rechazo en la familia a que el esposo sea cabeza del hogar, en el fondo se remite a que esa cabeza ejerció su autoridad no como Cristo sino "como los grandes de este mundo".

Hay algo además que se puede percibir en el rechazo al marido como última autoridad de la familia. Se debe también a que la persona que ejerce la función de autoridad sea considerada que "es más", más importante, y los otros, que sean inferiores, que "sean menos".

Habría que preguntarse, en este sentido, si san Pedro, nombrado por Cristo como cabeza de la Iglesia, es más que la Virgen María, quien no ejerció ninguna función de cabeza. Es clarísimo que María es mucho más que Pedro. Ella no ejerció ningún rol jerárquico. ¿Se sintió humillada por eso?

No se trata de ser más o menos, sino que son diversas las funciones, paterna y materna, que deben desempeñar los esposos. Estos son iguales en dignidad, pero diversos en la modalidad y función que desempeña cada uno, complementándose mutuamente.

Por lo demás, habría que decir que la esposa, más allá de su familia, puede poseer un cargo jerárquico, por ejemplo, ser presidenta de la República. En ese contexto, ella desempeña otro rol fuera del hogar.

Resumiendo: el Señor, al elevar el matrimonio a un sacramento, hace que el marido esté llamado a ser "signo sacramental", ejemplo vivo y tangible de Cristo Cabeza de la Iglesia y de la autoridad que él posee, ejerciéndola en el servicio y cuidado de los suyos. La esposa está llamada a ser también "signo sacramental" de la Iglesia, que acoge a Cristo y se hace uno con él.

Podríamos preguntarnos también si en el seno de la Trinidad, Cristo y el Espíritu Santo son menos que el Padre.

La Iglesia debiera ser signo preclaro del modo de ejercer la autoridad, especialmente en sus pastores. Los abusos de poder y el clericalismo en ella son por esto más graves. Están específicamente profanando y transgrediendo el llamado especial a ser imagen viva del Cristo Cabeza para el Pueblo de Dios.

Habría que continuar analizando qué ha pasado con la autoridad en el mundo del trabajo y de la política. pero ello desborda los límites de este texto.

2. EL P. KENTENICH Y SU EXPERIENCIA DE AUTORIDAD

2.1. Vivencias negativas de autoridad

En el contexto de lo expresado anteriormente, nos parece pertinente referirnos a la vivencia del P. Kentenich de la problemática en torno a la autoridad.

Las vivencias negativas de autoridad que sufrió a lo largo de su vida le llevaron, más allá de lo que le ofrecía la enseñanza del Evangelio, a experimentar deformaciones de la autoridad desde su niñez. Por la ausencia de su padre y luego por su rechazo cuando le pidió lo reconociera como hijo suyo.

Estas experiencias le llevaron a elaborar esas vivencias negativas y a procurar entregar a otros una experiencia positiva de la autoridad.

Junto a ello, su madre se vio en una difícil situación que la obligó a dejarlo, con mucho dolor de su parte, en un orfelinato. Además de lo que significaba vivir, en ese tiempo, en una institución de ese tipo, él experimentó en carne propia la mala experiencia de una educación autoritaria, que funcionaba mayormente con el esquema de orden y castigo. Si el orden era transgredido, entonces venía el castigo. Sabemos que él se escapó dos veces del orfelinato como muestra de su rechazo ante lo que estaba viviendo.

Fueron años los que debieron pasar para que el P. Kentenich lograse elaborar y digerir estas experiencias negativas. Las vivencias negativas frente a la autoridad se siguieron dando a lo largo de la vida del P. Kentenich.

Después, en el tiempo del Seminario, tuvo un conflicto con uno de los profesores –incluso querían expulsarlo de la Comunidad– porque se atrevió a enfrentarlo a raíz de una disputa académica, lo cual no era aceptado en aquel entonces, pues los profesores eran considerados casi como dioses.Este alumno les pareció peligroso para la comunidad y había que deshacerse de él.

Después de ordenado sacerdote, es nombrado profesor. En 1912 fue nombrado director espiritual del seminario menor. Allí se encontró con la rebelión de los alumnos del Seminario Menor debido a la forma como se ejercía la autoridad.

Más tarde, a partir de 1930 vio surgir en su patria el nacionalsocialismo y la dictadura de Hitler, que causaron los horrores de la guerra y terminaron con su estadía por tres años y medio en el campo de concentración de Dachau.

Después de su liberación y viajes al extranjero, vivió, por largos catorce años, las consecuencias de las medidas disciplinarias de la autoridad del Santo Oficio.

¿Por qué estuvo catorce años en Milwaukee? Por problemas con la autoridad. El sufrió una autoridad ejercida de manera absolutamente contraria a como él la vivía y había enseñado.

El P. Kentenich no se rebeló contra esa autoridad, sino que la aceptó, la sufrió, la tomó como una prueba de obediencia a la autoridad de la Iglesia, aunque, claramente, no era la manera en que, según él, tendrían que haberlo tratado. Pero no calló. Explicó con claridad y firmeza su opinión En su lugar, otros, quizás, se habrían amargado o rebelado o habrían abandonado la Iglesia. Él siguió fiel a ella.

¿De qué se le acusaba? ¿Qué decía el Visitador? Que el P. Kentenich era una persona peligrosa; que había creado un culto a su persona, de modo que podría decir cualquier cosa, incluso contra la Iglesia, y le creerían, pues sus seguidores sufrían un alto grado de infantilismo.

Era evidente que había una forma de concebir la autoridad y de ejercerla que no correspondía al concepto que de ella tenía el P. Kentenich.

2.2. Otra forma de ejercer la autoridad

Nos hemos detenido en este tema de la autoridad porque nos parece, como hemos dicho, que se trata de un tema central, ligado especialmente al patrocentrismo de Schoenstatt.

Un tema que hoy se ha hecho cada vez más actual y agudo a raíz de lo que ha sucedido con el ejercicio y abusos de la autoridad al interior de la Iglesia.

Más allá de reaccionar contra de lo que ha sucedido y de aplicar las sanciones correspondientes, respecto a quienes han cometido abuso de autoridad, nos parece que es necesario mirar al futuro, centrando nuestro esfuerzo en un cambio cultural y eclesial trascendente, no solo dictando leyes más eficaces, sino igualmente poniendo en práctica una pedagogía que evite que las personas cometan abusos; que, por el contrario, estén arraigadas en ellos las actitudes y las costumbres en las cuales reine el respeto y se ejerza la autoridad como servicio a los demás.

El "estilo" del ejercicio de la autoridad en el padre fundador, se funda en lo que es el ejercicio de la autoridad de Dios tal como lo vivió el Buen Pastor.

Es la divina Providencia que, por sus permisiones y disposiciones, fue señalando al padre fundador el camino de reforma del concepto y de la práctica de la autoridad.

Cuando el P. Kentenich fue ordenado sacerdote, empieza a vislumbrar la respuesta positiva a todo lo que él había vivido. En su vida se muestra una vez más cómo Dios escribe derecho en líneas torcidas o cómo él saca siempre bien del mal.

Buscando la voz de Dios en lo que había vivido, meditando el Evangelio y lo que significaba la gracia del sacerdocio, todo ello le permitió tener claridad de cómo debía ejercer su sacerdocio y la autoridad que él tenía como tal.

Nos limitaremos ahora solo a la plática que dio en 1912 a los seminaristas, cuando asumió el cargo de director espiritual.En esa plática expresa con claridad el modo en que él ejerció su paternidad sacerdotal. No es difícil aplicar su experiencia a otras realidades en que estamos condicionados al ejercicio de la autoridad.

Al asumir el nuevo cargo, plantea a los alumnos cómo él concibe su tarea. Les dice:

> *Y ahora me han nombrado Director Espiritual sin que haya hecho absolutamente nada para ello.En consecuencia, debe ser voluntad de Dios.Por eso, acojo esta voluntad, firmemente decidido a cumplir, del modo más perfecto, mis deberes para con todos y cada uno de ustedes.Me pongo, por lo tanto, enteramente a su disposición, con todo lo que soy y tengo; con mi saber y mi ignorancia, con mi poder y mi impotencia, pero, por sobre todo, les pertenece mi corazón.* [19]

Cuando leemos este párrafo, percibimos que él había hecho un proceso profundo de lo que ahora decía a sus alumnos.

En primer lugar, se refiere a su nombramiento como algo que proviene de la divina Providencia. Si el Padre Dios así lo ha querido, entonces él acoge decididamente la tarea que le han encomendado.

El educador, llamado a ejercer una labor de autoridad, debe saberse enteramente dependiente de Dios,

---

19 *Documentos de Schoenstatt, Acta de Prefundación, n. 4.*

en Cristo Jesús. Esto le da una seguridad y una especial tranquilidad para asumir el cargo que se le confía. Asume su responsabilidad como instrumento del Dios providente. Por ello, todo lo que hará, lo realizará en dependencia filial del Padre Dios.

Él se pone *"enteramente a disposición"* de los suyos. Habla de cumplir cabalmente los deberes que tiene en este sentido, a diferencia de aquellos que, porque han recibido un cargo, lo primero que ven son los deberes que los otros tienen frente a él y no sus propios deberes.

El estar *"enteramente a su disposición"* revela una actitud de servicio. Muchas veces, en el futuro, dirá que educar significa "servir desinteresadamente la vida ajena"; es decir, un servicio totalmente desprendido del propio yo.

A continuación, el P. Kentenich manifiesta algo que es muy importante. Él no va a asumir un papel determinado, un cargo, refugiándose tras el título, jugando el rol de tal cargo, ocultando lo que él es como persona.

Nuestro padre se muestra enteramente auténtico y transparente. Se da así al servicio de los suyos. Les dice que, en actitud de servicio, se pone a su disposición: *"con todo lo que soy y tengo; con mi saber y mi ignorancia, con mi poder y mi impotencia"*.

Por último, les dice algo insólito para ese tiempo y ciertamente también para el actual: *"pero, por, sobre todo, les pertenece mi corazón"*.

El educador, el sacerdote, entrega su corazón, en el cual acoge a los suyos. Les regala el calor de una entrega personal. No estaba allí para enseñarles y aclararles, lo mejor posible, lo que Dios esperaba de ellos.

Él concibe su tarea de otra forma. Podemos recordar, en este contexto, lo que él expresa en su Plática del 31 de Mayo de 1949, respecto a lo que el Visitador le pedía ser: "un señalizador en el camino".Dice así:

> *No deben pensar: vamos hacia Dios, por eso debemos separarnos.Yo no quiero ser simplemente un señalizador en la ruta.¡No! Vamos el uno con el otro.*

En 1912, muestra a los estudiantes el panorama mundial, lo que está pasando en la cultura a raíz de los avances en la ciencia y en la técnica. Les muestra que falta algo; que el desarrollo del "macrocosmos" no va a la par con el desarrollo del "microcosmos"; que el hombre está siendo esclavo de la máquina. Les dice que, por esto, no se trata de volver a la Edad Media, sino que de ver en esa realidad un desafío y una tarea: educarse, autoformarse, bajo la protección de María, como hombres, como personas auténticamente libres. Esto requiere tomar en serio la autoformación, hacerlo concretamente porque "a caminar se aprende caminando".

En otras palabras, él no muestra a los alumnos simplemente exigencias, sino que les amplía los horizontes y los llama a realizar tareas de envergadura, como es cambiar la cultura actual. Los está entusiasmando por grandes ideales. El P. Kentenich habla, en este sentido, de una pedagogía de ideales, pedagogía que desarrolló y aplicó desde el inicio.

Si consideramos además lo que dice en este contexto, vemos que él plantea a los estudiantes un imperativo que los compromete a ellos como jóvenes. Y emplea un lenguaje vital, comprensible para ellos y que los toca personalmente. Ya está poniendo en práctica aquello a lo que aludimos anteriormente: la pedagogía dinámica o de movimiento. Es decir, una pedagogía orientada psicológicamente.

Llama la atención también que el llamado a autoformarse no solo lo refiere a los estudiantes, sino que él también quiere realizar esa tarea:

> *Queremos aprender. Por tanto, no solo ustedes, sino también yo. Queremos aprender unos de otros. Porque nunca terminaremos de aprender, mucho menos tratándose del arte de la autoeducación, que representa la obra y tarea de toda nuestra vida.*[20]

Él les enseña a autoformarse y, a la vez, los alumnos le enseñan a él. De este modo, su propia autoformación repercute en la autoformación de ellos. Con esto también se alude al hecho que para ejercer la autoridad ante todo se debe conquistar una autoridad moral. Él, como autoridad, debía ser un ejemplo convincente para los suyos.

---

20 *Documentos de Schoenstatt, Acta de Prefundación, n. 6.*

Otra cosa que aparece en esta plática y que es muy significativa: lo que dice respecto a la necesidad de crear una entidad semejante a las Congregaciones Marianas. Pero aclara que él *"no hará nada sin ellos"*. No se trata claramente de repartir tareas, sino de compartir tareas.

En definitiva, él quiere formar una comunidad. Una comunidad que no será un mero equipo de trabajo, sino una "comunidad de corazones y de tareas". Comunidad en la cual se da un intercambio, un auténtico amor paterno-filial.

La trascendencia de lo que el P. Kentenich plantea en esta plática, llamada por él "Programa", es algo de una profundidad e innovación tremendamente grande, especialmente para su época, pero también para la actualidad.

Su *"Programa"* no fue una plática aislada, sino que implicó una actitud y forma de vivir la autoridad que mantuvo durante toda su vida.

3. SER Y MISIÓN DE LA AUTORIDAD

3.1. Las características de la autoridad

Por lo expuesto anteriormente es claro que respecto al tema de la autoridad nuestro padre fundador aporta una nueva visión.

Su vivencia de autoridad y su concepción y ejercicio de ella, constituyen un punto clave para la renovación profunda de la Iglesia y de la sociedad.

No explicaremos mayormente lo referente a lo que es una autoridad moral y una autoridad jurídica. Tampoco nos referiremos a lo que significa la elección de una autoridad y de cómo se designa a una persona como autoridad. Tampoco tocaremos lo que entiende nuestro padre fundador sobre el principio paterno y el principio materno, temas de gran importancia pero que nos llevarían muy lejos tratar ahora en este texto.

Nos limitaremos a señalar aspectos esenciales que son válidos para toda autoridad y para los diversos ámbitos en los cuales ésta se ejerce. Es interesante recordar, en este sentido, sus palabras en la *Plática del 24 de septiembre de 1944, de la Tercera Acta de Fundación*, dada en Dachau.

Se refiere al espíritu de jefes y lo sintetiza en tres puntos. Dice así:

> *El jefe debe:*
> - *Orientarse por una única gran idea y arder por ella.*
> - *Consumirse enteramente por los suyos.*
> - *Estar arraigado en aquel mundo que ha de anunciar, en una medida que sobrepase lo común.*

Es decir, es preciso guiarse y guiar a otros, entusiasmando por un ideal, cultivando vínculos personales y conquistando, por la autoeducación, una autoridad moral que va más allá de lo común.

La autoridad debe estar convencida del valor de la causa; estar entusiasmada por ella y contagiar a los suyos por la misma. El P. Kentenich cita a menudo el adagio: "no se enciende una fogata con un trozo de hielo". Él aplica así lo que denominó una "pedagogía del ideal".

En segundo lugar, quien ejerce la autoridad debe generar vínculos, establecer lazos, acoger personalmente a los suyos. La forma es muy diversa. En todo caso, no puede ser alguien que sea lejano, que nunca tenga la posibilidad de establecer una relación personal con quienes le son confiados. De esta forma nuestro padre pone en marcha una "pedagogía de vinculaciones".

En tercer lugar, la autoridad debe ser coherente, poseer prestigio moral, ya sea que ejerza una autoridad jurídica, o que ejerza un rol de conducción por su ejemplo. Debe ser coherente en su pensar y actuar, porque, como dice el adagio: "Las ideas ilustran, los ejemplos arrastran."

Esto requiere que se incentive a las personas a que pongan en práctica una consecuente autoeducación.

3.2. Aspectos centrales de la concepción de la autoridad

Resumimos en algunos puntos centrales lo que nos parece especialmente importante respecto a la visión que tiene el P. Kentenich de la autoridad.

a. Dependencia de Dios

El P. Kentenich expresa muchas veces, citando a santo Tomás de Aquino: "Dios gobierna el mundo a través de causas segundas libres". Es decir, Dios conduce la historia con y a través de nosotros y, muy especialmente, a través de las autoridades tanto al interior del Pueblo de Dios como en la sociedad, en general. Sin esta referencia a Dios, no existe la ley natural ni la ley divina. Por lo tanto, se cae en un relativismo y en todos los conflictos que surgen porque no hay una convergencia respecto a los valores que hay que cultivar, proteger o fomentar. Por consiguiente, se suscitan rivalidades y luchas de poder en las respectivas comunidades, que resultan especialmente nocivas.

El modelo de autoridad es Cristo Jesús, quien es Hijo obediente del Padre Dios y, por otra parte, Pastor y Cabeza de la Iglesia. Según este modelo, debieran actuar todas las autoridades. Si una determinada autoridad debe servir o conducir una comunidad, debe hacerlo según Dios, según la ley natural y la ley divina.

Por eso se atiene a lo que le dicta la ley natural y la ley divina y, por otra parte, a lo que le indica la fe práctica en la divina Providencia, que le va señalando los caminos y la modalidad en que debe ejercer su autoridad.

El P. Kentenich afirmaba en este sentido que él buscaba también la voluntad de la Providencia divina en el alma de quienes acompañaba. Esto generaba en él una gran capacidad de acoger y escuchar la voz de Dios en los suyos.

b. La autoridad como servicio

Citamos anteriormente la enseñanza que da el Señor a sus apóstoles cuando les dice que ellos deben ejercer la autoridad "no como los grandes de este mundo".

En otras palabras, les dice que la persona que posee autoridad no es el centro, sino que el centro son las personas que tiene a su cargo; la autoridad está al servicio de ellas para ayudarles, para que sean más lo que deben ser, para coordinarse, etc.

La autoridad no puede decir: los míos están a mi servicio, a disposición de lo que yo quiera o de lo que mande, sino que yo estoy al servicio de los míos.

Aquí se juega algo sumamente importante: es frecuente la experiencia de que la autoridad abusa de su poder, ejerciendo el poder en favor suyo o de sus criterios. Usa y abusa de los demás, manipulando a veces sus conciencias.

Se reacciona en contra de esta forma de ejercer la autoridad, pero se va más allá. Por buscar superar el autoritarismo y patriarcalismo, simplemente, se tiende a suprimir la autoridad, cayendo en la anarquía.

Quien detenta autoridad debe estar compenetrado hasta la médula que su tarea es servir. Por ello tendría que estar compenetrado de una profunda actitud de respeto a quienes conduce o ayuda. Él está al servicio del crecimiento de los gérmenes de vida que Dios ha depositado en esas personas.

La autoridad debe educarse para no sentirse siempre el centro o ponerse él mismo en el centro, hablando siempre de sí mismo, de lo que él hace y desea, de lo bien que ha hecho las cosas. Dicho en lenguaje popular, la autoridad debe huir del querer ser "un florero" en el centro de la mesa.

El respeto genera respeto. El servicio genera voluntad de corresponder de modo semejante. Todo esto se refuerza cuando la autoridad está dispuesta a recibir con gusto los aportes, propuestas o críticas de los suyos.

Nuestro padre acentúa mucho la franqueza de los suyos. Estos, por cierto, practicarán esa franqueza también con respeto y nunca simplemente como una crítica negativa.

Esta actitud evita que las cosas se hagan por debajo, que se actúe, como decíamos, en forma hipócrita; usando otra expresión popular, "aserruchándole el piso" a la autoridad.

c. Necesidad de establecer vínculos personales

Es muy diversa la puesta en práctica de la necesidad de generar vínculos personales, dadas las diferencias de las comunidades o entidades que debe conducir la respectiva autoridad.

En todo caso, quien conduce lo hace, normalmente, teniendo junto a sí un equipo o un consejo, cuyos miembros están llamados a tener un vínculo más estrecho con él.Por otra parte, vale tener en cuenta que hay autoridades que pueden establecer un vínculo personal con miles de personas, como ha sido el caso, por ejemplo, del papa Juan Pablo II y, actualmente, del papa Francisco. Son casos especiales.

Sin embargo, constantemente podemos también observar cómo muchos "jefes" de decenas o cientos de personas, cuentan con una simpatía y disponibilidad positiva de los miembros de esa colectividad que presiden.

Conocemos muy de cerca lo que sucedía, en este sentido, con la relación que los miembros de la Familia de Schoenstatt poseían respecto a nuestro padre.

Es interesante que el P. Kentenich acentúe, si se trata de la obediencia o seguimiento, que esta actitud nazca por un afecto positivo hacia la autoridad. Es decir, que lo que pide o decide, sea realizado no simplemente porque así está mandado, sino porque esa autoridad nos lo pide. Se hace tal cosa porque media un afecto que esa autoridad ha conquistado.

Esto rompe con el concepto de que la autoridad consiste en la capacidad de mandar y de exigir el cumplimiento de lo mandado y, si es el caso, de aplicar la sanción que trae consigo el no hacerlo.

Quien actúa así, genera un formalismo y, muy a menudo, un servilismo o bien una hipocresía.

Para que la autoridad pueda establecer un vínculo personal con los suyos, requiere que, además de la autoridad moral que debe poseer, el servicio o ejercicio de su autoridad esté inspirado por el respeto a las personas. Si media ese respeto o admiración y cuidado de no pasar por encima de los demás, los que están a su cargo con gusto accederán a lo que él pide.

d. La autoridad moral

Ya hemos hecho referencia a la importancia de poseer, por sobre todo y, antes que nada, una autoridad moral. Solo subrayaremos ahora que conquistar una coherencia de vida y, con ello, una autoridad moral, es producto de que la autoridad se exija el máximo a sí mismo.

Es normal que una autoridad pueda cometer errores. Esto no es lo más grave. Lo grave sería que esa autoridad no reconociera esos errores y no estuviera dispuesta a enmendarlos. Esta sinceridad y autenticidad ganará aún más el aprecio de los suyos.

Por otra parte, existe lo que el padre fundador denomina la *"función de desengaño"* que poseen las criaturas en general y también por cierto la autoridad. Cuando esto se da, posibilita que las personas que están bajo su cuidado -si la autoridad actúa en el ámbito que le corresponde- sepan que, en definitiva, ellos hacen lo que la autoridad les manda no porque la autoridad sea "impecable", una especie de dios, sino porque, en definitiva, toda autoridad proviene de Dios. (Cf. Rm 13.1).

e. Tres leyes importantes

Cuando el fundador de Schoenstatt se refiere a la organización de una comunidad y al modo de realizarla, formula tres leyes:

> *La ley de la conducción*
> *La ley de gobierno*
> *La ley de polaridad*

1) Ley de conducción

El P. Kentenich describe esta ley diciendo:

> *Existe un claro principio de autoridad, pero lo ejercemos democráticamente.*

Un claro principio de autoridad

Dada la forma errada en que, a menudo, se ha ejercido la autoridad, se ha despertado, como ya lo hemos expresado, universalmente, una fuerte corriente antiautoritaria que, muchas veces, puede caer en la anarquía. En todo caso, se trata de limitar lo más posible a la autoridad y de controlarla a fin de evitar que cometa excesos.

Una cosa es plantearse contra la autoridad mal ejercida y otra es no reconocer la necesidad de toda comunidad de contar con una autoridad.

La carencia de autoridad se expresa, muchas veces, en un caos ya que unos optan por una cosa, y otros, por otra. Y ¿quién decide lo que se debe hacer?

Muchas veces, esto lleva a conflictos que se resuelven por el poder político, el poder económico, o el poder militar.

Todo país necesita un gobernante, toda comunidad de trabajo necesita alguien que esté a la cabeza; todo equipo de futbol necesita reconocer una autoridad.

Aquí todo se juega en lo dicho anteriormente: si se trata de una autoridad de servicio que respeta y ayuda, entonces esa autoridad será bienvenida y permitirá que los componentes del grupo o comunidad en cuestión puedan desarrollar sus actividades en forma armónica, complementándose las diversas funciones que existen al interior de esta.

La autoridad es una función necesaria, pero quien no es autoridad no es menos como persona sino al contrario; puede ser mucho más como persona que aquel que ejerce el papel de la autoridad. Un ejemplo claro de esto es considerar, como se dijo anteriormente, lo que significaba el apóstol Pedro como la autoridad, nombrada por el Señor, a cargo de su Pueblo. ¿Es Pedro más perfecto o más que la Virgen María que no tuvo ningún cargo de autoridad? Por cierto, que no.

Otro ejemplo es el que se da en la familia. En ella no quisiéramos una autoridad paterna, porque ello sería un menoscabo para la mujer... La mujer sería menos que el varón... ¿Es esto así...? Por cierto que no.La labor de la madre es insustituible en el hogar. Ambos, el padre y la madre desempeñan funciones diversas y complementarias. Es absurdo, en este sentido, una lucha de poder o tener al interior de la familia dos autoridades, lo cual generaría una lucha de poder y un desconcierto para los hijos.

Un ejercicio democrático de la autoridad

El P. Kentenich agrega además que ejercemos este principio de autoridad *democráticamente*.

Con ello nos alejamos cada vez más de una autoridad que consiste en poder formular leyes o normas, exigir que se cumplan y, de lo contrario, si no se cumplen, en tener la facultad para sancionar o castigar.

En cambio, ejercer la autoridad democráticamente significa escuchar a los componentes de la comunidad u organización, viendo también en ellos, en su alma, la voz de Dios. Significa trabajar en equipo, no repartiendo tareas, sino que compartiéndolas. En equipos en los cuales se debate sobre las diversas posibilidades y desafíos que exista, y donde se trata de buscar acuerdos de modo que el desarrollo sea armónico y se genere una real corresponsabilidad.

Ahora bien, si no se llega a un acuerdo, hay una última instancia que decide y esta es la autoridad.

Pero, de acuerdo con la práctica y teoría del P. Kentenich, esto sucede en muy escasas ocasiones. Más que controlar o mandar, se trata de acompañar y de ser corresponsables con la autoridad.

El autoritarismo es un tipo de autoridad lejano que da órdenes y dictamina desde arriba. Se contrapone totalmente al estilo que practicó y enseñó el P. Kentenich.

2) *Ley de gobierno*

El P. Kentenich fórmula también el siguiente principio:

> *Libertad, lo más posible; obligaciones, las mínimas necesarias; pero, por sobre todo, cultivo del espíritu.*

Ante todo, libertad

Desde muy temprano, el P. Kentenich tomó una posición decidida sobre la educación de personalidades libres, y dio una decidida lucha contra el formalismo.

En muchas comunidades, se fueron acumulando normas que, a la larga, ataban y no permitían que las personas se desarrollaran autónomamente.

Muchas veces, el P. Kentenich expresa que el proceso es el siguiente. Primero, en las comunidades, especialmente a partir del fundador cuando aún está vivo, se cultiva de modo intenso el espíritu. Luego, de los valores que ese espíritu entraña, surgen normas o costumbres.

Sin embargo, con el tiempo, suele ocurrir que esas normas "se comen el espíritu" y, de este modo, se cae en el formalismo.

Si queremos, como lo formula nuestro padre, una comunidad perfecta, sobre la base de personalidades que aspiren seriamente a la perfección, entonces hay que dar lugar para que las personas aprendan a ser libres y autónomas. Esto requiere de superiores que no teman dejar reales espacios de libertad, donde los miembros de la comunidad aprendan a decidir por sí mismos.

En 1968, poco antes de su muerte, nuestro padre, en una charla para los Padres de Schoenstatt, expresa su opinión al respecto con gran claridad. Él se refiere al ejercicio de la paternidad, pero ciertamente vale para toda autoridad. Dice así:

> *La dependencia de los superiores nunca más puede ser como fue antes. ¿Qué se debe hacer? Un cambio total del concepto de paternidad. ¡Cuánta libertad debemos dejar hoy como padres! (Charla del 31 de Mayo, 1968 para el Curso Neue Vaterkindlichkeit. en: An seine Pars Motrix, Band 9, 250*

En otras palabras, hay que acabar con el autoritarismo y, en la Iglesia, con el clericalismo.

Como toda persona humana, la autoridad cometerá errores y deberá aprender a superar la idea de que debe ser "perfecto" para contar con la obediencia de los suyos. Es por eso que tiende a ocultar su debilidad. Pero lo que vale para los suyos es el ser auténtico, reconocer sus errores y mostrar el esfuerzo por superarlos.

En otros casos se da que el superior es inseguro de sí mismo y pretende "dominar la situación" dictando normas.

También suele darse que el superior tenga un ansia de poder que le lleve a querer "tener todo en sus manos", incluso pensando en que con ello salva el prestigio de la comunidad.

Cuando todo está regulado, se vive bajo el peso de esas normas que, además, con el tiempo muchas veces se hacen anacrónicas.

El formalismo conduce al fariseísmo, donde se ve "la perfección" en cumplir las normas, pasando por encima del espíritu.

Recordemos las duras recriminaciones del Señor contra los fariseos que se remitían, precisamente, al cumplimiento de un cúmulo de normas que se habían generado, poniendo su prestigio en cumplirlas al pie de la letra.

Este formalismo, muchas veces, da lugar a que las personas muestren exteriormente una cara, pero, interiormente, la actitud que poseen es muy distinta a lo que esa forma originalmente quería asegurar o transparentar: se genera una nefasta hipocresía.

Pocas normas obligatorias

Estando esto claro, el padre fundador afirma, además, que es necesario contar con algunas formas o normas obligatorias y que la autoridad debe exigir su cumplimiento, pero siempre teniendo presente el espíritu que las anima.

Cultivo del espíritu

En definitiva, más allá de las normas estrictamente necesarias, las cosas se juegan en la motivación, en el cultivo del espíritu. Es decir, en la tarea que posee la autoridad de entusiasmar por la causa o la obra que se quiere emprender en conjunto.

La autoridad está llamada a irradiar y contagiar entusiasmo. El afecto que despierta y el ejemplo de su coherencia y cercanía, ayudan a que las tareas se cumplan no a la fuerza o porque se les amenaza con un látigo o un castigo.

3) *Ley de polaridad*

El P. Kentenich menciona también el hecho de que, en una comunidad, existen diversos talentos en las personas que la conforman y que estos talentos no deben anularse o sobreponerse el uno al otro, sino que deben complementarse en bien del todo.

La no complementación de los talentos que se da en las personas que conforman una comunidad, conduce al autoritarismo y masificación que generalmente producen las dictaduras o regímenes similares.

Se trata a las personas como piezas de una máquina y no como parte de un organismo o de un cuerpo en el cual todos son importantes y nadie está de sobra, pues ninguno es menos que el otro como persona.

El no respeto a la ley de la polaridad se hace hoy especialmente patente en el matrimonio: se busca acabar con el autoritarismo del hombre y, por otra parte, se busca que la mujer asuma un rol igual o superior al que juega el esposo. Nuestro padre formula, en este sentido, la siguiente sentencia: entre los esposos debiera darse la igualdad en la dignidad de cada uno y la diversidad en la función complementaria que debe cumplir cada uno.

Poner en juego la ley de la polaridad en el mundo del trabajo, es también especialmente importante. Si se hace, se da una riqueza mucho mayor que la que se podría lograr sin permitir una sana competencia y complementación de unos con otros.

VI. DIOS PROVIDENTE Y LA FE EN LA PROVIDENCIA DIVINA

Tocaremos ahora otros dos aspectos importantes del patrocentrismo de Schoenstatt, a saber, la acentuación que hace el P. Kentenich del Dios providente que requiere nuestra cooperación humana, y luego, la fe práctica en la divina Providencia.

1. DIOS REQUIERE NUESTRA COOPERACIÓN

Los fundadores normalmente acentúan alguna verdad de la Revelación. En el caso de nuestro padre y fundador, como hemos visto, es clara su acentuación del misterio de María y de Dios Padre.

Nos referiremos ahora, dentro de este mismo contexto, al patrocentrismo que se expresa en su acentuación del Dios providente, que tiene un plan de amor y que lo lleva a cabo con nuestra colaboración.

Dios Padre pudo redimirnos sin requerir ninguna participación nuestra. Simplemente perdonando nuestros pecados y dándonos su gracia. Pudo hacer que el Verbo viniera desde lo alto de una montaña y que se mostrara como el Mesías. Sin embargo, no lo hizo así. Quiso respetar nuestra libertad y propia decisión.

Quiso, primero, dirigirse a María pidiéndole que aceptara concebir en su seno al Mesías. En otras palabras, él buscó la cooperación humana a su obra redentora.

En este contexto, el P. Kentenich normalmente trae a colación el adagio tomista: "Dios gobierna el mundo a través de causas segundas libres".

Lo hizo ejemplarmente en la persona de María. Por eso el P. Kentenich la define como la Compañera y Colaboradora de Cristo en toda la obra de salvación.

Esto lo aplica a cada uno de nosotros: Dios requiere nuestro sí; requiere que seamos sus instrumentos libres en Cristo Jesús, y que cooperemos en su obra redentora. Nuestra Alianza de Amor la vivimos en este espíritu. Jesús nos reveló su plan de salvación y, con ello, el sentido de nuestra existencia.

El hombre actual simplemente desconoce incluso la necesidad de tener un Dios, menos aún un Dios providente. Con frecuencia, forja sus propios planes y los realiza según sus propios criterios y con sus propios medios.

Al interior de la Iglesia, ciertamente aceptamos la providencia de Dios; sin embargo, el concepto de Dios providente suele confundirse con una especie de pasivismo o conformismo respecto a lo que sucede en nuestro entorno y en nosotros mismos.

Vemos y enfrentamos los males resignándonos, o bien, cuando los percibimos, recurrimos a Dios para que él intervenga a partir de nuestros ruegos. No tomamos suficientemente en cuenta que podemos ser nosotros mismos los causantes de esos males y que tenemos que cambiar y reparar lo que hemos hecho mal o lo que hemos dejado de hacer.

Dios puede hacer milagros, pero eso es algo extraordinario. Normalmente, él opta por requerir de nosotros para que, incorporados a Cristo y en unión a María, pongamos nuestra parte en su obra. Él quiere que luchemos y nos comprometamos con ella. Dios quiere realizar su obra con nosotros.

Por otra parte, podemos mencionar el fatalismo de aquellos que adhieren a la doctrina de la predestinación, la cual afirma que, desde la eternidad, Dios determinó lo que quiere hacer con cada una de sus criaturas, ordenando a unas para la vida eterna y a otras para condenación perpetua, de acuerdo al fin y condición con que fueron creadas.

Si bien esto claramente se aleja de la doctrina de la Iglesia, sin embargo, en algunas personas, se ven actitudes en esa línea; dicen "esto estará de Dios", "ya verá Dios, confiemos en él…"

Según la actitud providencialista propuesta por el P. Kentenich no hay lugar para el infantilismo ni para la resignación conformista que se expresan de esa forma. Se trata de una actitud muy diversa. Es la disposición a realizar lo que Dios quiere y no lo que nosotros queremos y hacemos, porque sabemos que eso que Dios quiere es lo que más nos conviene y es para nuestro bien. Es una actitud de seguimiento, a veces heroico, tal como lo vivió Cristo cuando sudó sangre y pidió al Padre Dios que pasara el cáliz que debía beber.

Se trata de una actitud que, a veces, requiere dar pasos arriesgados o hacer cosas que nos resultan cuesta arriba. En definitiva, es una actitud incondicional de seguir la voluntad del Padre Dios, lo cual no tiene nada que ver con resignación ni infantilismo.

Esta concepción muestra nuevamente lo importante que es para el P. Kentenich la armonía entre la naturaleza y la gracia; en este caso, la armonía de la acción de Dios y su intervención en el mundo y, por otra parte, nuestra cooperación que busca "que se haga su voluntad aquí en la tierra como en el cielo", como rezamos en el Padrenuestro.

En su respuesta al Visitador del 31 de Mayo de 1949, el P. Kentenich escribe:

Nos atenemos a la ley formulada por san Agustín: "Dios creó el mundo sin nosotros, pero no quiere redimirlo sin nosotros". Vale decir que Dios exige nuestra participación lúcida y enérgica también en el reordenamiento del mundo de hoy.

Como instrumentos de Cristo Jesús, estamos llamados a ser forjadores de historia. Lo hacemos conscientes de que la historia la forjan tres poderes: Dios, nosotros y el demonio. Nosotros, con nuestra disposición a cooperar, conscientes de que también contamos con las heridas del pecado original y personal, de nuestros instintos desordenados, que pueden influir en nosotros, apartándonos de los caminos del Señor.

Por otra parte, junto con considerar nuestra participación, es preciso que nos prevengamos de la influencia que está ejerciendo el demonio en el mundo actual, en nuestro medio y en nosotros mismos. Es un demonio que, como dice el Evangelio, muchas veces se muestra como un lobo con piel de oveja.

Cada uno de nosotros tiene que discernir si está cooperando con Dios o con el demonio. Muchas veces, a este último se le da poca importancia; sin embargo, su existencia es una verdad revelada. Por eso, san Pablo habla del "misterio de iniquidad" que actúa en la historia. (Cf. Ro 6,13; 6,19; 2 P,2,16).

El demonio está actuando directa o encubiertamente, queriendo desbaratar la realización del plan de Dios. Por eso, debemos también precavernos de ello, confiados en que María, que es la "Vencedora del demonio", mostrará también su poder en nosotros.

Unidos a la Virgen María no nos olvidemos de rezar el exorcismo. Por ejemplo, la oración breve:

> *Que se alce Dios todopoderoso y sean disipados sus enemigos. Que se alce la Virgen María, san José, san Miguel y todos los santos y ángeles, y sean dispersados sus enemigos y huyan de su presencia todos los que los odian. En el nombre del Padre, del Hijo y del Espíritu Santo.*

2. UNA FE "PRÁCTICA"

A partir de esta acentuación del Dios providente, que tiene un plan de salvación, la pregunta que se plantea es ¿cómo podemos conocer nosotros lo que Dios quiere y colaborar con él?

Por el Antiguo y el Nuevo Testamento, por el orden de ser de las cosas creadas y por el Magisterio de la Iglesia, vamos descubriendo qué quiere y espera Dios de nosotros.

Estas fuentes nos muestran las coordenadas centrales del sentido de nuestra existencia y de nuestro seguimiento a Cristo Jesús. Conocemos también las virtudes que debemos encarnar y el ejemplo que hemos de dar. Recordemos las palabras de san Mateo:

Que brille vuestra luz ante los hombres, para que, viendo vuestras buenas obras, alaben al Padre de los cielos. (Mt.5, 16)

La pregunta que surge, en este contexto, es cómo podemos saber, en el aquí y el ahora, lo que Dios quiere de nosotros.

La Biblia y el Magisterio de la Iglesia nos dan indicaciones generales. Sin embargo, en la vida concreta, tenemos que tomar decisiones sobre cosas que no se desprenden directamente de la Palabra de Dios o del magisterio de la Iglesia. Por ejemplo, si debemos cambiar ahora de este trabajo a este otro; si debemos comprarnos este auto o este otro; si debemos esperar un hijo ahora o en uno o dos años más; etc.

En este contexto, el P. Kentenich aporta algo que es especialmente importante para los laicos que están llamados a luchar por la santidad en medio del mundo.

Siempre será válido decir que tengo que ser honrado o que tengo que actuar con caridad. Pero si debo hacer esta visita a un enfermo o hacer esta obra de caridad u otra, no lo puedo deducir directamente de las fuentes señaladas.

Dios, como lo muestra la Sagrada Escritura, ha intervenido a lo largo de la historia como Dios creador y redentor, sigue también ahora estando presente no sólo en general, sino también en nuestra vida personal.

En este sentido, nuestro padre fundador siempre insiste en que debemos encontrar a Dios en la Palabra y en la Eucaristía y, agrega, también en la vida. Si no es así, fácilmente nuestra fe y nuestra vida cristiana se limitarían a practicar virtudes, a orar a Dios agradeciendo y pidiendo perdón. Podríamos reducir así nuestra fe a una doctrina y a una moral, poniendo en un segundo plano al Dios vivo.

Después del Concilio Vaticano II, se comenzó a hablar de los "signos del tiempo". Con eso se quería decir que Dios nos estaba dando señales de que debíamos hacer cosas muy concretas a partir de estos signos que él nos daba.

Pensemos, por ejemplo, en lo que significó para la Iglesia, a fines del siglo XIX y posteriormente, la problemática social. Por cierto, las bases de una justicia social estaban allí, pero no se habían elaborado ni aplicado como se hizo, si no se hubiese descubierto en ello un llamado muy concreto que Dios nos hacía, tanto a la Iglesia en general como especialmente a los laicos.

Hoy día también Dios nos está hablando por los signos del tiempo o, como los llama el P. Kentenich, las "voces del tiempo", a través de la ideología de género. Sin duda, esta problemática es un signo del Dios providente que nos pide con fuerza dar una respuesta y actuar conforme a ella.

El estar atentos a los signos del tiempo reviste especial importancia para quienes viven su fe y quieren dar hoy testimonio de ella en medio del mundo.

Creemos que el Dios vivo interviene también ahora en nuestra propia historia y en nuestra vida. No sólo en los grandes signos del tiempo. También Dios nos habla en nuestras circunstancias concretas en las cuales desarrollamos nuestra actividad cotidiana. Por una parte, el Espíritu Santo, que hemos recibido, pone en nuestro corazón impulsos o mociones respecto a lo que debemos o no debemos hacer. Pero también nosotros tenemos que contar con medios que nos permitan descubrir, en la fe, los caminos de la Providencia.

En este sentido, es relevante el aporte de san Ignacio de Loyola que da especial importancia al proceso de discernimiento que debemos realizar, destacando las mociones del Espíritu Santo, que nos mueven interiormente a actuar en una determinada dirección.

Es conocido también el método del "ver, juzgar y actuar" que se introdujo en torno a los años 30, en Bélgica y lo divulgó la J.O.C. Se buscaba hechos concretos, se los jugaba a la luz de la Palabra de Dios y luego se emprendía acciones.

El P. Kentenich piensa que tenemos que ir más allá, proponiéndonos diversas prácticas que nos permiten hacer un discernimiento y nos ayudan a descubrir lo que Dios quiere de nosotros.

Luego nos detendremos en estos métodos. Ahora sólo queremos agregar que, buscando la voluntad de Dios, podemos llegar a formarnos un juicio de lo que él quiere, pero sin tener una "certeza científica" de ello.

Siempre nos estaremos moviendo en el claroscuro de la fe. Por esto, muchas veces, se requerirá de nosotros la capacidad de asumir riesgos y dar "saltos" de fe.

Como dijimos, el P. Kentenich nos ofrece diversos medios o ayudas que hacen práctica nuestra fe en el Dios providente, que nos permiten descubrir su voluntad aquí y ahora.

Si somos personas de oración y nuestra fe en general es sólida, nos será más fácil encontrar el camino que Dios nos señala.

3. MEDIOS QUE HACEN PRÁCTICA LA FE EN LA PROVIDENCIA DIVINA

El proceso de discernimiento que propone el P. Kentenich es amplio. Lo hemos resumido en cinco medios o ayudas. Los trataremos por separado, pero, en la vida, muchas veces se complementan estrechamente unos con otros.

Los medios de discernimiento que él propone, están íntimamente relacionados unos con otros. No son separables, pero es importante también profundizar en cada uno de ellos para tener claridad de qué tratan y cómo realizarlos.

Son los siguientes:

- Escribir la "novela de nuestra vida".
- Formular nuestro "ideal personal".

- Aplicar "la "ley de la puerta abierta y de la resultante creadora".
- Realizar la "meditación de la vida"
- Ser personas libres.

3.1. Escribir la "novela de nuestra vida"

Nuestro patrocentrismo nos llama a descubrir en nuestra propia historia de vida ese plan de amor que Dios tiene para con cada uno de nosotros, sus hijos.

Si recorremos el Evangelio, constatamos que los hechos que nos relata son algo que aconteció históricamente en la vida de Cristo, en la vida de María. La liturgia recoge estos hechos, conmemorándolos y reviviéndolos. Por ejemplo, la Anunciación, la Visita de María a su prima Isabel, las Bodas de Caná, la Transfiguración del Señor, la Crucifixión en el Gólgota, la Resurrección, Pentecostés, etc., son todos hechos, acontecimientos históricos, sucedidos a lo largo de la historia de vida de Cristo y de María.

Algo análogo fue lo que hizo el P. Kentenich en relación con la historia de Schoenstatt, a saber, descubrir los momentos de gracia en la historia que fue viviendo él, como fundador. Aquellos momentos de gracias especiales que marcaron su trayectoria histórica y la vida de la Familia de Schoenstatt, los llamó *hitos* y los identificó con cuatro fechas: el primer hito, el 18 de

Octubre de 1914; el segundo hito, el 20 de Enero de 1942; el tercer hito, el 31 de Mayo de 1949, y el cuarto hito, el 22 de Octubre de 1965, cuando el P. Kentenich es llamado a Roma, terminando su exilio de 14 años lejos de su Obra.

La forma de conocer Schoenstatt es introducirse vitalmente en estos cuatro hitos de su historia, en aquellos momentos de gracia, de modo análogo a como nos adentramos en la historia de Cristo.

En la comunidad en la cual cada uno de nosotros está inserto, nuestro matrimonio y familia o la comunidad religiosa a la cual pertenecemos, también descubrimos el paso de Dios, recorriendo su trayectoria histórica. El P. Kentenich habla de escribir la "novela de nuestra vida", de nuestra propia historia, que también es una historia sagrada.

Esa historia tiene una trama central, que se va generando a través de diversas vertientes donde, en algunos momentos, nos es fácil descubrir el plan de Dios para con nosotros, y, en otros, nos resulta más difícil descubrir el querer divino. Sin embargo, a través del tiempo, vamos entendiendo esos momentos o etapas mejor que antes, cuando no nos explicábamos el por qué ni el para qué de esos hechos.

Volvemos a decir que siempre se trata de un claroscuro de la fe. Sin duda, cuando estemos y veamos a Dios cara a cara en el cielo, descubriremos todavía otros misterios y profundidades de nuestro paso por esta tierra. Leeremos, como en una gran pantalla, el libro de la novela de nuestra vida; entonces ya estaremos en la gloria.

No obstante, ya ahora podemos identificar, en la *novela de nuestra vida*, esos momentos, gozosos, dolorosos o gloriosos en los cuales el Dios vivo nos ha visitado. De esta forma, nuestra fe no será una doctrina ni una mera moral, sino que será una fe marcadamente "existencial".

Cuando tengamos que despertar la fe en otras personas, ellas deberán sentir, al vernos a nosotros, que nuestra fe es algo vital, que creímos de verdad en la intervención de Dios en nuestra vida. Por eso el P. Kentenich nos propone esta hermosa tarea: elaborar y escribir la historia de vida, la de nuestro encuentro con Dios.

¿Cómo podemos hacerlo?

Lo primero es hacer una cronología: ¿Cuál es mi trayectoria de vida? ¿De dónde vengo, dónde nací, quiénes son mis padres, mis hermanos...? ¿Dónde estudié...? ¿Cómo fue mi adolescencia...?

Luego de haber hecho esto, viene una segunda pregunta que es muy importante. Se trata de precisar, en esa historia, sus hitos más significativos: ¿Dónde veo la intervención de Dios? ¿En qué momentos percibo que Dios me tocó en forma especial? ¿Cuáles son los hitos, los momentos más significativos de mi historia de vida? ¿Cuándo sentí la mano de Dios que me guiaba? ¿A través de qué personas o de qué circunstancias?

Y, si alguna vez hemos caído gravemente y cometido un pecado, ¿cómo fue mi conversión y mi experiencia de la misericordia de Dios? ¿Cuál es el contenido, el significado de esos momentos ahora, en este momento?

Cada hito de nuestra historia de vida nos trae un mensaje especial; son tiempos en los cuales percibimos o descubrimos la vocación a la cual Dios nos llamaba; tiempos difíciles de pruebas, de renuncias; tiempos de realización personal o profesional.

Lo importante es que en ellos me encuentre con *mi* Dios, el Dios de mi vida. Con el Dios que estuvo, está y estará conmigo, como lo estuvo en aquel momento. De tal manera que, al seguir caminando, ya tendremos, como respaldo, una vivencia inconmovible de que Dios está conmigo, que Dios me ama, que tiene un plan de amor que va realizando conmigo. Y que, a pesar de mis pecados, de mis caídas, siempre me va guiando. Pero no sólo a pesar de mis pecados sino por mis pecados, Dios está más cerca mío porque necesito más de su amor, de su misericordia y él se compadece de mí y me ayuda a levantarme.

Muchas veces, con ocasión de los pecados más grandes, surgen nuevas gracias, nuevos derroteros. Dios nunca nos deja. Siempre nos tiende la mano para seguir avanzando.

Recapitulando, primero hacemos una cronología; en segundo lugar, identificamos el contenido de los hitos. En tercer lugar, elaboramos nuestra historia, especialmente los hitos más dolorosos y los más fecundos.

Recordemos lo que sucedió al mismo P. Kentenich en su historia de vida. Por ejemplo, en la vivencia que tuvo de su padre y su carencia de hogar. Fueron años en que él, poco a poco, fue descubriendo por qué Dios había permitido que él tuviese que pasar por esas experiencias.

Es posible que también nosotros hayamos sufrido por algo que nos sucedió, personalmente o en nuestro entorno y, por eso, vemos qué enseñanza nos dejó Dios con ello.

Esto requiere meditación y elaboración. No debe haber nada en nuestra historia que no hayamos elaborado o "digerido". En este sentido, tenemos que alcanzar esa paz interior que sólo el Señor sabe regalarnos.

Por cierto, también es importante detenernos en los momentos en que hemos sentido la protección de Dios y nos hemos sentido realizados personalmente.

Por último, una vez que hayamos realizado este trabajo, es aconsejable escribir un salmo de gratitud al Dios de mi vida. Un salmo de gratitud y de perdón: una especie de larga letanía, como ésas que aparecen en la Biblia cuando el salmista relata la salida del pueblo de Israel de Egipto, cuando camina por el desierto, cuando cruza el Mar Rojo, etc., recordando su historia, dando gracias o pidiendo perdón, repitiendo una y otra vez una antífona; por ejemplo, *"porque grande es la misericordia del Señor..."*

De tal modo que con ese salmo tengamos a mano nuestra historia para poder ir agregando otros hechos que aparecen en nuestra revisión anual de vida.

Es algo sencillo, no hay que ser poeta ni escritor, pero requiere un tiempo especial, hacer un alto en nuestra vida; meditar en un lugar especial, hacer un retiro quizás... Pero necesitamos hacerlo si queremos tener un testimonio de que Dios ha estado, está y estará presente en nuestro día a día como un Padre providente.

De la misma forma en que elaboro la novela de mi vida, si he contraído matrimonio, también podemos, como esposos, elaborar nuestra historia y descubrir los hitos que la han marcado. Esto nos servirá especialmente como matrimonio, pero también directamente como un modo de transmitir la fe a nuestros hijos. Ellos, como se relata en el Antiguo Testamento, podrán hablar también del "Dios de nuestros padres".

3.2. Descubrir y formular el Ideal Personal

Búsqueda del ideal personal

Luego de escribir la novela de nuestra vida, podemos abordar con mayor facilidad nuestro ideal personal.

Desde el inicio nuestro padre fundador animó a que cada uno de nosotros descubriera su ideal personal

El ideal personal se refiere a la idea que tuvo Dios al crearnos. En segundo lugar, se refiere al lugar que cada uno de nosotros ocupa en el Cuerpo Místico de Cristo. Y, en tercer lugar, a las cualidades que nos distinguen como persona. Todo esto lo vemos en el marco referencial que nos ofrece la Palabra de Dios, que nos revela lo que quiere y espera el Señor de cada uno de nosotros.

Desde el inicio de su trabajo apostólico, como director espiritual, en 1912, el P. Kentenich plantea la necesidad de la autoformación, ya que cada uno de nosotros es un proyecto por realizar. Este trabajo de autoformación requiere ser orientado por una meta, por eso nuestro padre fundador, en los años siguientes hablará siempre de buscar, formular y realizar el Ideal Personal.

El Ideal Personal nos habla que Dios tiene una idea única y original de cada uno de nosotros. Dios nos creó personalmente; cada uno es una idea encarnada, original de Dios. Dios tuvo millones de posibilidades, sin embargo, él me creó a mí; nos creó a cada uno de nosotros. El creó nuestra alma, mi alma, directamente; y nuestro cuerpo está animado por esa alma, por lo que cada uno es como persona.

Cada uno es un ser único querido por Dios. Cualquiera sea nuestro origen, aunque supuestamente hubiésemos sido fruto de una "casualidad", de un descuido de nuestros progenitores, o algo semejante, Dios infundió en ese embrión un alma, que soy yo. Dios Padre, además, me asignó un lugar y una tarea especial en el Cuerpo de Cristo, un lugar único y original.

Nos dotó, además, de talentos especiales. Poseemos dones y cualidades que nos distinguen de los demás. Por cierto, también contamos con limitaciones que nos son propias.

Agregamos, por último, que Dios nos creó en un tiempo determinado, con sus características y desafíos propios, en el cual cada uno de nosotros debe cooperar para que surja en él el Reino de Dios.

El nos creó como un proyecto a realizar. Cuando nacemos somos una posibilidad: no hemos venido a esta tierra ya "listos", sino que nuestro destino está en manos de Dios, pero también en nuestras manos.

Con este trasfondo, entendemos lo que significa el Ideal Personal, es decir, la meta que, de acuerdo a lo recién explicado, debemos tener ante nosotros. Esa meta orienta el sentido de nuestra autoformación y de nuestro apostolado.

Por eso, el P. Kentenich nos llama a descubrir, a formular y realizar nuestro ideal personal.

En el contexto de lo que hemos descubierto al elaborar la historia de nuestra vida, de acuerdo con nuestros propios talentos y limitaciones, teniendo en cuenta las exigencias que nos plantea el tiempo en que vivimos, podemos encontrar nuestro ideal personal. Por cierto, no se trata de algo estático, sino que de un proceso vital en el cual cada vez iremos viendo, con mayor claridad, lo que Dios "soñó" con nosotros.

Formular el ideal personal requiere, de parte nuestra, un trabajo de introspección y de oración. Requiere que nos demos un tiempo suficiente para reflexionar y llegar a dilucidar en sus líneas generales aquello que Dios quiere de mí personalmente, para qué me creó y en qué debo colaborar en la realización de su plan de amor.

Por lo tanto, es importante que encontremos una formulación del ideal en la forma de un lema de vida. Ese lema, en la medida en que vayamos creciendo, se nos hará cada vez más vital y lo iremos descubriendo con mayor profundidad. Su formulación debe ser al modo de una consigna, de un lema de vida, que sea relativamente corto y que nos toque el corazón. Puede ser también un símbolo que nos identifique. Muchas veces los signos nos dicen más que las palabras.

A esto agregamos el visualizar dos o tres actitudes fundamentales que creemos que Dios nos pide conquistar y encarnar. A partir de nuestra historia y de nuestros talentos, no será muy difícil visualizarlas.

Teniendo esto presente, podemos entonces formular también una pequeña oración que resuma lo que anhelamos ser y lo que pedimos al Señor. Una oración corta, semejante al Padrenuestro o al Avemaría, que tal vez podamos repetir de memoria para renovar nuestro Ideal Personal.

El Ideal Personal no es algo estático; se irá desarrollando y clarificando a lo largo de nuestra vida pues vamos creciendo; quizás se nos presenten otras situaciones en el futuro, pero ya sabemos por dónde vamos y, mediante la fe práctica, iremos descubriendo ese ideal, cada vez con mayor nitidez, más y mejor.

Lo que hemos expuesto, de modo semejante a lo que dijimos cuando nos referimos a elaborar la historia o novela de nuestra vida, también es válido en relación a la formulación del ideal personal.

Se requiere dedicarle tiempo e intensificar nuestra vida de oración, pidiendo al Espíritu Santo que nos ilumine. Se trata de descubrir nuestro ideal a partir de la fe y no simplemente considerando variables que se dan en el plano meramente humano.

Los medios ascéticos

Si tenemos todo esto más o menos delineado, llega el momento de ponerlo en práctica.

En este punto, el P. Kentenich nos ofrece *medios ascéticos*, que toma de la ascética tradicional en la Iglesia, pero les da un toque personal.

Estos *medios ascéticos* son: el examen particular o propósito particular; el horario espiritual, la confesión frecuente y tener, por lo menos durante los dos primeros años de nuestro trabajo en la autoformación, un consejero o acompañante espiritual, cuya tarea es ayudarnos a descubrir el ideal personal y a poner en práctica los medios ascéticos que propone nuestro padre.

Así como la elaboración de nuestra historia de vida y la búsqueda y formulación del Ideal Personal, lo hacemos siempre a la luz de la divina Providencia, de modo semejante, los medios acéticos que propone el P. Kentenich, también los determinaremos y realizaremos a la luz de la fe práctica.

Esto da a nuestro camino de autoformación un carácter peculiar. La práctica del examen particular y del horario espiritual han sido habituales para aquellos que buscan esforzarse en el camino de la santidad y del seguimiento al Señor.

Tradicionalmente, en la Iglesia se decía que debíamos encarnar virtudes, imitar a Cristo, ser otro Cristo y, por consiguiente, se tenía una especie de programa con todas las virtudes que debíamos ir encarnando y examinando.

Estos medios, sin embargo, no eran vistos directamente ligados con la fe práctica, sino más bien como un camino para alcanzar la perfección. Se trataba de practicar alguna determinada virtud. A menudo, los puntos concretos por examinar estaban vistos en la óptica que mostraba necesario tener, durante el día, ciertas prácticas que ayudaran a aterrizar las virtudes a través de acciones concretas.

La modalidad kentenijiana de practicar estos medios ascéticos, como lo veremos a continuación, está estrechamente relacionada con la fe práctica en la divina Providencia.

El examen particular

Teniendo nuestro Ideal Personal, necesitamos discernir en qué aspecto de nuestra vida, el Señor nos pide crecer a fin de que se realice en nosotros el plan de Dios.

La respuesta a esta pregunta nos lleva a observar, en primer lugar, lo que está aconteciendo en el aquí y ahora y en torno a nosotros. Es decir, qué nos dicen las "voces del tiempo" o las circunstancias que nos rodean.

A partir de ello, podemos colegir que tendríamos que profundizar una actitud determinada o superar algo que nos desvía del camino querido por Dios.

Se requiere, entonces, que hagamos un discernimiento, a la luz de las circunstancias, de lo que nos está sucediendo. Puede ser también que percibamos lo que Dios quiere de nosotros a través de lo que personas cercanas nos dicen.

También el Espíritu Santo puede movernos en nuestro interior a trabajar más profundamente una determinada virtud o a superar una carencia o debilidad de nuestro carácter.

Una vez que hayamos decidido cuál será nuestro examen particular, lo primario es trabajar esa virtud a la luz de nuestro ideal personal. O, usando los términos que usa nuestro padre, "saturando de valor" esa actitud por la cual lucharemos. Adquirirla suele ser un proceso que puede durar meses o años.

Como en toda autoformación, el mantenernos en contacto con Dios, implorando la luz del Espíritu Santo, es un requisito indispensable.

El P. Kentenich aconseja que renovemos el *Examen Particular* normalmente tres veces al día. Esta renovación se realiza a la luz del Ideal Personal. Es decir, la renovación del Ideal Personal y del Examen Particular, están estrechamente ligadas. Se renueva la actitud que estamos cultivando, justamente a la luz del Ideal Personal. Recordemos que el P. Kentenich, en las *Oraciones de la Mañana* del *Hacia el Padre*, coloca ambas renovaciones juntas.

De esta forma la renovación del propósito particular no consiste simplemente en reiterar un imperativo moral, sino realmente una "renovación", que cada vez nos enaltece y nos hace mirar a lo alto. Puede ser que destaquemos uno u otro aspecto en que se concreta esa virtud que estamos cultivando, especialmente si se trata de superar una costumbre o actitud negativa. Pero ese punto concreto no debe opacar lo que es la conquista de la actitud positiva que cultivamos durante todo el día.

En este contexto, nos parece importante aclarar que, con frecuencia, se produce una confusión sobre los términos *propósito particular y examen particular.*

La confusión se debe a que se ha distinguido entre ambos, pero, de hecho, son sinónimos. En los años 30 pidieron al P. Kentenich que la expresión *"Particular*

Examen" (basada en la expresión en latín) se traduje-
se al alemán. Se tradujo entonces por *"Besondere Vor-
satz"*, es decir, *Propósito Particular.*

El *Examen Particular, o Propósito Particular,* se refiere al
cultivo de una actitud determinada. Por cierto, esa actitud, a lo largo del día, se expresa y realiza en acciones concretas. Dicho de otra forma, no debe reducirse
el Propósito Particular a un punto del Horario Espiritual. Por ejemplo, el último *Examen Particular* de José
Engling fue recordar, en las renovaciones del mismo,
que la Trinidad habitaba en su corazón.

Una actitud no se conquista en un mes ni en dos meses; a veces podemos pasar años esforzándonos en
conquistar una actitud determinada como, por ejemplo, la actitud de oración, la aceptación de los demás,
el respeto a los demás, etc., son hábitos que cuesta encarnar y hacerlos propios.

El Horario Espiritual

El *Horario Espiritual* responde a la necesidad de
practicar ciertos puntos concretos, diaria, semanal o
mensualmente. Son todas acciones que tienen como
sentido que nos mantengamos en forma y bien ali-
mentados espiritualmente para tener fortaleza y poder luchar por conquistar nuestro ideal personal. Se
trata de actos o acciones, muy concretas, a realizar en
una hora determinada del día, durante un tiempo. Por
ejemplo, hacer un cuarto de hora de lectura espiritual;

rezar el rosario, trotar, levantarnos y acostarnos a una hora determinada.

Cada uno tiene que determinar los puntos del *Horario Espiritual*; no se trata de una lista de diez o más actos; pueden ser solo tres o cuatro. Normalmente, en el camino de nuestra autoformación, vamos detectando qué es lo que más nos ayuda a nosotros, personalmente: lo que sirve a una persona no es siempre lo que le sirve a otra. Cada uno tiene que ir viendo, en la práctica, qué le sirve más. A una persona le servirá estar 10 minutos de rodillas meditando ante el Santísimo Sacramento; a otra, el rezo del Rosario. A alguien puede servirle para su vida espiritual algo tan concreto como salir a trotar o acostarse y levantarse a una hora determinada.

Cuando cambia nuestra rutina diaria, por ejemplo, en las vacaciones o en un viaje, a menudo es conveniente agregar algún punto concreto y suprimir otro.

El P. Kentenich recomienda llevar un control por escrito *del Horario Espiritual y del Propósito Particular*. Esto es una gran ayuda porque tenemos que contar con períodos en que se hace más difícil la lucha por la santidad, debido a los cambios de ánimo que se producen en nuestro interior o son fruto de circunstancias determinadas por las cuales atravesamos.

Normalmente se aconseja en los primeros años que estamos descubriendo nuestro ideal y empezando a practicar los medios ascéticos, que tengamos un acompañamiento espiritual (antes se le llamaba dirección espiritual). La función de la persona que nos acompañe tiene por objeto que nosotros descubramos nuestro ideal y aprendamos a ejercer nuestra propia libertad. Después, normalmente, bastará con hacer una confesión regular, ojalá mensual, en la cual también damos una cuenta de conciencia respecto a nuestro *examen particular y propósito particular.*

Por último, es preciso dejarse tiempo para una *renovación mensual.* En ella revisamos nuestro *examen particular* y el *horario espiritual,* lo que vivimos durante ese mes, a la luz de la fe práctica en la divina Providencia. Luego también preparamos y visualizamos lo que Dios nos pide para el mes próximo.

3.3. La ley de la puerta abierta y de la resultante creadora

a. Ley de la puerta abierta

Guiarnos por la fe práctica en la divina Providencia es posible, haciendo un proceso de discernimiento, que requiere detenerse y reflexionar a la luz de la fe.

Esto es muy importante, sobre todo, en esta época. El hombre moderno va de un lado para otro, siguiendo lo que dicen las corrientes del momento, las modas, los medios de comunicación, las ventajas económicas, lo que dictan ciertos "líderes de opinión, etc. Opina lo que tiene ganas de decir, lo que "es políticamente correcto", sin reflexionar mayormente.

Sabemos de todo, nos informamos de todo, pero poco reflexionamos, sobre todo acerca de nuestro mundo interior. Por eso, detenerse y reflexionar en nuestro mundo interior significa nadar contra la corriente. Ya, en 1912, el P. Kentenich lo señalaba: conocemos muchos idiomas, pero desconocemos el idioma de nuestro corazón.

El Dios vivo, el Dios providente, nos va abriendo caminos, abriendo puertas, a veces cerrando puertas o abriendo apenas una rendija, pero nos va dando las indicaciones suficientes, mostrándonos que por aquí o por allá va nuestro camino.

Para discernir lo que Dios quiere que hagamos, debemos consultar, afirma el P. Kentenich, las voces del tiempo, del alma y del ser.

1) Las voces del tiempo

Dios nos habla a través de determinados acontecimientos, que son los signos del tiempo; sean acontecimientos o corrientes de valores o contravalores.

Nosotros tenemos que escuchar las voces de lo que está pasando en el mundo actualmente. Por ejemplo, uno de los grandes signos de este tiempo es la emancipación femenina. Podemos estudiar todo sobre esta problemática, pero, en definitiva, la clave es preguntarnos qué nos dice Dios con ello, en qué nos está interpelando con esto.

Por cierto, Dios quiere algo al respecto. Quiere una renovación o una revisión de lo que es la identidad femenina y un cambio cultural que la respete y acabe con el abuso de poder de parte del varón.

En nuestra vida personal, también hay acontecimientos importantes. Algunos nos ponen ante una disyuntiva o ante un desafío: O seguimos por este camino o por este otro, o tomamos tal decisión o no la tomamos… Optamos por este nuevo trabajo o lo dejamos…

Nuestra vida está llena de esos desafíos, grandes y pequeños. A veces, rápidamente descubrimos lo que quiere Dios, por dónde va el camino. Y otras, tenemos que reflexionar y rezar para descubrirlo.

Ante estos acontecimientos y desafíos que vivimos, a veces, rápidamente encontramos una respuesta: nos parece que esto o lo otro es lo que Dios quiere.

En otras ocasiones, no tenemos mayor claridad, y debemos reflexionar más. Es importante implorar al Espíritu Santo que nos dé mayor claridad.

En todo caso, el hecho de que se trata de una decisión en la fe, significa que no tendremos una claridad absoluta. Recordemos que nos movemos en el claroscuro de la fe.

2) Las voces del alma

Otra voz de Dios puede también surgir en el alma. El Espíritu Santo actúa en nuestro interior dándonos impulsos especiales, es decir, impulsos interiores que nos mueven a hacer tal cosa o a no realizar tal otra.

El Espíritu Santo es una realidad; lo hemos recibido ya en el bautismo y sus dones fueron sembrados en nosotros con el sacramento de la confirmación. Si hemos cultivado y desarrollado nuestra vida interior, su presencia estará viva en nuestra alma.

También en nuestro interior pueden darse otras mociones, otras "voces": la de nuestros instintos desordenados o una intervención del demonio en nuestra alma, que no quiere que sigamos la voluntad, el camino de Dios.

Si estamos atentos a esta posibilidad, ciertamente desecharemos esas voces que nos desvían del querer de Dios.

3) Las voces del ser

La escucha de las voces del tiempo o de las voces del alma nos conduce a pensar que Dios quiere esto o lo otro de nosotros. Es entonces donde entran en juego lo que el padre fundador llama *"voces del ser"*.

Se trata de cotejar nuestra decisión para confirmar si lo que queremos hacer está de acuerdo o se contradice con nuestra naturaleza, con lo que el Evangelio nos pide y con lo que enseñan las normas de la moral cristiana.

Normalmente, si se contradice, nos salta a la vista. Suponemos que hemos internalizado nuestro conocimiento de la Biblia y tenemos clara la moral cristiana y la doctrina de la Iglesia respecto a lo que estamos discerniendo. Dios quiere tal cosa, y cuál es su significado para nosotros. Es decir, identificamos lo que nos parece que Dios nos pide. Nos parece…, estamos casi seguros… En otras ocasiones, dudamos pero creemos que es tal o cual cosa. La vida no es en blanco y negro, es más difícil a veces. Pero entonces rezamos, pedimos al Espíritu Santo para tener mayor claridad.

Cuando hemos avanzado en la vida espiritual, será generalmente un "olfato" sobrenatural, fruto de los dones del Espíritu Santo, que nos inclina positivamente a realizar lo que Dios desea.

¿Qué pasa después? Hemos observado, escuchado las voces de Dios, del tiempo, del alma y del ser. Creemos que Dios nos abre esta puerta, o que nos la cierra, o que solamente nos abre una rendija por donde debemos pasar. Ha llegado entonces el momento en que debemos decidir.

A veces se trata de una decisión fácil; otras, es muy difícil y nos exige dar un "salto mortal". Conocemos los saltos mortales de la fe que le pidió Dios a nuestro padre y que debió dar, por ejemplo, el 18 de Octubre, el 20 de Enero y el 31 de Mayo.

Pero no basta con decidir. Hay cosas que decidimos, pero luego no las realizamos. Hay que realizar, llevar a cabo lo que decidimos. Si no se diera la realización de lo decidido, entonces todo el proceso habría sido en vano.

Para realizar lo decidido a menudo se necesita coraje y constancia, superando los obstáculos que se presentan en el camino.

b. La ley de la resultante creadora

La ley de la puerta abierta tiene una segunda dimensión: hacer una evaluación. A esto lo llama el P. Kentenich aplicar *la ley de la resultante creadora*.

Si hemos decidido y puesto en práctica lo decidido, tenemos que evaluarlo. Ello depende de lo que hayamos decidido: hay cosas que son fáciles, otras que son contundentes y necesitamos meses para discernir y llevarlas a cabo. Pero, en un momento dado, tenemos que pensar si interpretamos bien lo que Dios quería.

¿Cómo lo sabremos? Nos daremos cuenta al ver los frutos que ha producido nuestra decisión y puesta en práctica. ¿Qué clase de frutos?

No los éxitos materiales, porque, por ejemplo, podemos haber emprendido algo inmoral y ganar millones de dólares. No se trata de eso. Se percibe, entre otros signos, al constatar más paz en el corazón, si hemos creado mayor comunidad en nuestro entorno, si estamos alegres. Estos son frutos del Espíritu Santo. Si estos frutos no se dan, entonces tenemos que volver a hacer un discernimiento y pedir al Espíritu Santo que nos ayude e ilumine nuestra decisión.

Si, además, sumamos nuestros esfuerzos, y el resultado es muy superior a esa suma, significa que intervino otra fuerza, la fuerza del Espíritu Santo. Apareció una *"resultante creadora"*. El resultado de lo que hemos realizado no se explica simplemente por nuestras fuerzas, por lo que nosotros hayamos aportado, sino que excede a ello, mostrando que allí estuvo presente la mano de Dios.

Esta forma de vivir según la fe práctica en la divina Providencia es hermosa, pero es difícil. Después del Concilio Vaticano II, el P. Kentenich dijo alguna vez: *Nosotros hacemos más difícil la vida de fe al hombre actual.* Y esto es así porque es más fácil rezar, ir a Misa, comulgar, ser bueno… Pero, nosotros tenemos que decidir, tenemos que plantearnos ante las cosas, tenemos que interpretar el querer de Dios, tenemos que aventurarnos. Y esto es más complicado.

La vida de fe es una aventura, pero una aventura de Dios. Y en esa aventura caminamos, alegres y convencidos de que Dios está con nosotros y que nunca nos deja; que está siempre delante y detrás nuestro. Y que nos prepara el camino.

Caminamos prevenidos, para que los instintos desordenados no nos desvíen del camino y para que el demonio no se introduzca en nuestra historia. María cuidará especialmente que esto no nos suceda.

Los seguidores del P. Kentenich estamos llamados a vivir profundamente todo esto y entregarlo también a la Iglesia como parte importante de nuestro carisma.

Esa es la actitud mariana, esa es la actitud del P. Kentenich. Por eso su fe era tan firme y fuerte, porque él estaba seguro y creía en la Providencia del Padre Dios, en el amor del Padre Dios, en la conducción del Padre Dios. Estaba seguro de que el Padre Dios lo iba a guiar en todo lo que hiciera y emprendiera.

3.4. La meditación de la vida

Abordaremos ahora un aporte muy original de nuestro padre y fundador, que consiste en descubrir lo que Dios nos regala en las cosas difíciles que nos suceden, tratando de profundizarlas no tanto con nuestro razonamiento sino más bien acogiéndolas en nuestro corazón.

Señalamos que el P. Kentenich descubrió la armonía de la naturaleza y la gracia en su vivencia mariana. Por eso, nos referiremos expresamente a María. Por ejemplo, cuando ella busca con José al Niño Jesús en el templo. Ella no entiende la respuesta de su hijo a la pregunta que ella le hace. El evangelista nos dice sucintamente que ella no comprendió y que meditaba en su corazón lo que sucedió, tratando de descubrir su significado. (Cf Lc, 2,41-50)

Otro ejemplo muy claro, también de esta actitud de María, es la que se nos describe después de la Anunciación, cuando ella va a visitar a su prima Isabel.

Cuando responde al saludo de Isabel, María abre su corazón y le dice que está llena de gozo porque el Señor la ha mirado y se ha fijado en su pequeñez y ha hecho cosas grandes con ella.

Podemos imaginarnos cómo, durante todo ese trayecto largo desde Nazaret a Ain-Karim, la Virgen iba gustando, sopesando, internalizando en su alma el saludo y las palabras del Ángel Gabriel, lo sucedido en la Anunciación. Ella guardaba y meditaba estas palabras y todos estos sucesos en su corazón.

Pensemos también en la última etapa de su vida; en todo aquel tiempo, años seguramente, que pasó con san Juan. Una y otra vez, ella habrá recordado con san Juan su camino junto al Señor, desde su nacimiento y después en su vida pública, lo que significaron sus palabras cuando él la proclamó Madre nuestra y de la Iglesia desde la Cruz.

La Iglesia ha guardado esta realidad en los misterios del Santo Rosario, en los cuales nos invita a recordar los acontecimientos de la vida de Cristo junto a María, en los misterios gozosos, luminosos, dolorosos y gloriosos.

El P. Kentenich recogió esta realidad y elaboró, a partir de ella, una nueva manera de meditar.

Ciertamente, él conocía la meditación tradicional, que es lo que llamamos *Lectio divina*. Esta nos invita a detenernos en una frase o hecho del Evangelio, dejando que este hecho hable en nuestro corazón y despierte una respuesta en nosotros. No se trata de una reflexión exegética o de un estudio sino, simplemente, de contemplar *con los ojos de nuestro corazón*, usando una expresión de san Pablo que encontramos en su epístola a los Efesios (Ef. 1, 17-19). No se trata, por lo tanto, de analizar racionalmente, sino de dejar que esa verdad toque nuestra alma, nuestro corazón y nos haga cercano a ese Dios que en esta u otra situación nos ha regalado, nos ha probado o nos ha cuidado en forma especial.

San Ignacio de Loyola, en sus *Ejercicios Espirituales*, asume la *lectio divina*, pues las cuatro semanas de este retiro están siempre acompañadas de una meditación bíblica. Sin embargo, él también nos entrega un aporte llamándonos a que *"sopesemos con mucho afecto"* aquella verdad que estamos leyendo. El P. Kentenich, comentando esto de san Ignacio, habla de un saber cuantitativo y de un saber cualitativo. No de un saber racional, intelectual, sino la forma en que esa verdad llega a nuestro corazón.

El método de meditación que el P. Kentenich nos entrega se orienta en esta dirección. Él propone partir de hechos que pueden habernos traído alegrías o que nos hayan causado dolor, hechos concretos de nuestra vida.

Aplicar este método de meditación que el P. Kentenich propone, hoy día resulta especialmente difícil, porque, como ya hemos señalado, nuestra cultura es una cultura del hacer, de informarse, de analizar, pero no una cultura del detenerse y contemplar la intervención de Dios en nuestra vida. Él usa normalmente las palabras pregustar y posgustar.

Se trata de traer al corazón un hecho pasado que puede tener diversas connotaciones afectivas, sean dolorosas o gozosas. La idea es recordar ese hecho y descubrir en él al Dios de nuestra vida y compenetrarnos del regalo que significan esas vivencias que hemos tenido. O bien, de aquello doloroso que Dios permitió pero que, si lo permitió, es para nuestro bien y para que saquemos provecho de ello. Sabemos que Dios escribe derecho en líneas torcidas.

Muchas veces nos suceden cosas gratificantes que, en su momento, alegraron nuestro corazón y sentimos como un gran regalo. Sin embargo, luego pasamos a otra y otra experiencia y lo anterior, simplemente, queda como un recuerdo que, quizás, en algún momento, brota de nuevo, pero que, en medio de todo el ajetreo de los días, se pierde.

Pensemos, por ejemplo, en lo que, normalmente, nos sucede en el plano humano. Tomamos por evidente que alguien nos haga un favor o nos ayude en esto y en esto otro. A veces ni siquiera lo agradecemos ni lo sopesamos; lo damos por algo evidente o damos un gracias que no tiene mayor peso.

Pensemos también en cuántas veces nos toca vivir acontecimientos dolorosos; por ejemplo, cuando alguien nos hirió con sus palabras o actitudes, o cuando llegó a nuestra vida "un golpe del destino", o cuando alguien a quien queríamos nos desilusionó; y así, tantas otras cosas que nos suceden, que nos hieren y duelen profundamente.

¿Qué hacemos en esos casos? A menudo tratamos de olvidar lo que pasó; pretendiendo no darle importancia alguna, o le echamos tierra encima o reprimimos esa vivencia en nuestro interior.

¿Pero qué sucede? Nos enfermamos; muchas veces, vemos que brotan reacciones violentas desde el subconsciente, respecto a la persona que nos ha desilusionado o engañado. O bien, hacemos cosas que no se explican por el momento, sino que, simplemente, se remiten a lo que ya había pasado anteriormente.

Cuando el P. Kentenich propone la *meditación de la vida*, se sitúa enteramente no en el plano de la reflexión sino del gustar, pregustar y posgustar lo acontecido.

Citamos a continuación un texto en el cual el mismo P. Kentenich describe cuál es el proceso de esta meditación de la vida. Él usa, como imagen, el poner una escalera en el acontecimiento que vamos a meditar. Leamos sus palabras:

Recordemos nuestro método predilecto de meditación. Como ya saben, consiste en pregustar y posgustar, examinar antes y después las misericordias que Dios ha tenido con nosotros personalmente. Para ello "ponemos una escalera" a cada acontecimiento de nuestra vida personal y comunitaria. No estamos acostumbrados a ver rápidamente a Dios en la cima de los acontecimientos, por eso la meditación nos sirve de escalera para subsanar esa falencia.

El Dios de la vida nos habla innumerables veces durante el día mediante palabras y acciones. Quiere que le prestemos atención, que lo tengamos en cuenta, espera una respuesta de amor de nuestra parte. En la hora de meditación, nuestro entendimiento sube por esa escalera, peldaño tras peldaño, para ver allá arriba a Dios, para entender a Dios. También el corazón sube la escalera junto con el entendimiento, buscando abrazar con todo cariño a Dios Padre y sus disposiciones y permisiones.[21]

Detengámonos un poco en las cosas dolorosas que nos han sucedido. El P. Kentenich nos llama a "elaborarlas" a la luz de la fe

A veces hay que sacar la costra de la herida para limpiarla, de tal modo que no se infecte. De hecho, las

---

21 Ver *Captar las honduras del alma*, en Heriberto King, Tomo 7, 1962.

cosas dolorosas no las olvidamos, sino que pueden pasar al inconsciente y, desde allí, *"mandar recados"* al consciente.

El P. Kentenich usa, en este sentido, la imagen de un lago en cuya superficie parece estar todo tranquilo, pero, de pronto, salta un pez al aire. De hecho, en nuestro interior, hay algo que aflora repentinamente lo cual, a menudo, causa más daño todavía. Dice nuestro padre:

Según el plan divino, las vivencias de la propia miseria humana constituyen excelentes impulsos para andar el camino que lleva a los brazos misericordiosos de Dios. Es un proceso de vida que se repite constantemente: Todo lo que nos pasa, tanto las cosas alegres como las tristes, las gratificantes como las amargas, las positivas como las negativas, todo eso son dones de amor y quejas de amor de parte de Dios. Dones y reclamos de amor que aguardan una respuesta de amor de parte del auténtico hijo del Padre.

Quizás haya de pasar cierto tiempo hasta que la persona se familiarice hondamente con este mundo, hasta que formalmente nade en el mar de misericordias de Dios y se sienta bien allí. Paso a paso elaborará todas las impresiones aún no asimiladas. Se tomará el tiempo y hará el esfuerzo necesario hasta que su ritmo de vida armonice con el ritmo de vida de Dios. Así irá subiendo peldaño tras peldaño de la escalera de la libertad de los hijos de Dios. Día a día se hará más libre de todo lo que no sea Dios o esté contra Dios, a fin de ser libre para el Dios de la vida. (...)

Buscar y encontrar a Dios en todo. Nuestro tiempo está hoy tan convulsionado y confuso. El hombre actual se derrumba interiormente ante esta situación. Si no elevamos la mirada más allá y percibimos otras leyes, entonces nos derrumbamos, nos enfermamos, nos convertimos en una pobre criatura.

Por eso, coloco la escalera para la inteligencia. Me pregunto, a la luz de la fe: Padre celestial, ¿qué quieres tú con esto? ¿Qué intención hay detrás? Pero también pongo la escalera para el corazón; esto es más importante aún. Trepo con el corazón y abrazo allí al Dios vivo y sus intenciones. ¡Fácil decirlo, pero difícil realizarlo! (Kampf um die wahre Freiheit, 1946)

Este valioso tipo de meditación que nos entrega nuestro padre es un alimento para el alma. Quiere profundizar y mirar los hechos, como decía la cita de san Pablo, con los ojos del corazón.

La meditación de la vida requiere que exista una preparación. Se puede distinguir una preparación remota, una preparación próxima y una preparación inmediata.

Preparación remota

La *preparación remota* significa dar un espacio en nuestra vida a la interioridad. Es preciso superar el ajetreo cotidiano, el estar siempre ocupado, conectado a los medios de comunicación, al trabajo, etc. No nos dejamos tiempo para estar tranquilos y esto hace que, cuando queremos entrar a una meditación que requiere tranquilidad, no somos capaces de hacerlo. Y cuando no hacemos nada, nos parece que estamos en blanco y esto es porque no hemos cultivado la interioridad.

Si pensamos, por ejemplo, en la vida matrimonial. ¡Cuánto falta a los esposos el diálogo de corazón a corazón! En el mejor de los casos, hay un intercambio de informaciones, pero no un espacio para abrir el corazón al cónyuge e intercambiar más en profundidad lo que pasa a cada uno. Si esto sucede en la vida matrimonial, cuánto más sucederá en nuestra vida de oración.

Para tocar otro campo, pensemos en la educación. Se informa, se recoge datos, se sabe de todo, pero ¿cuánto se educa para contemplar la realidad, para admirarse de la naturaleza, de lo que es el universo y de lo que existe en la profundidad de nuestro cuerpo, de nuestras células, etc.?

La meditación requiere esta preparación remota. De alguna manera, la meditación nos puede ser difícil si no tenemos el hábito de estar tranquilos, de dejarnos tiempo. Será muy difícil que podamos concentrarnos si nos "concentramos"· en el celular o el iPad.

La preparación próxima

Esta se refiere, de alguna forma, a iniciar una oración más profunda. En esta línea, está la lectura meditada de la Biblia. La *lectio divina* nos enseña a ir desmenuzando el mensaje del Evangelio y gustándolo, tratando que el eco de las palabras de Jesús o los relatos del Evangelio lleguen más hondo en nuestra alma.

Esto requiere programación: hacer la *lectio divina*, una o dos o tres veces a la semana, si no se puede todos los días, a un horario prefijado. Esto nos ayuda enormemente en este sentido.

También podría ser la meditación de textos tomados, por ejemplo, del libro *Hacia el Padre*; o de oraciones como el Padrenuestro, el Avemaría, la Pequeña Consagración. Oraciones que, muchas veces, rezamos sin detenernos a meditarlas, palabra por palabra.

Todo esto nos va capacitando y abriendo un espacio interior en nuestra alma, en que la fase contemplativa adquiere mayor volumen o densidad.

En el contexto de esta preparación próxima, también podemos mencionar el estar conscientes de las cosas que nos han sucedido. Si vivimos y practicamos *la ley de la puerta abierta* y de *la resultante creadora*, tendremos material suficiente para llegar a decir que, en este y este otro acontecimiento, esto que nos pasó, es preciso profundizarlo más hondamente. Y, a partir de ello, encontrarnos y dialogar con el Dios de nuestra vida.

La preparación inmediata

De acuerdo con lo que decíamos recién, se refiere a que tengamos una materia sobre la cual queremos meditar. Es preciso restringirnos a algo determinado, no abarcar mucho, sino todo lo contrario. Ver solo aquello que nos toque especialmente, o que consideremos necesario; y sopesarlo a la luz de la fe. Esto pasa a ser una materia concreta de la meditación de la vida.

Si hemos fijado una hora, igualmente es necesario determinar el lugar en que haremos la meditación. Si vamos en auto o caminamos por la calle, no podremos tener esta meditación porque hay muchas cosas que nos distraen o llaman la atención.

Se requiere contar con un lugar determinado, a una hora determinada; en un lugar que haya tranquilidad. No podemos meditar al lado del televisor ni con el celular encendido, de tal manera que tengamos que estar pendientes si nos llega un *WhatsApp* o un llamado.

Son todas cosas para tener en cuenta, no enteramente necesarias, pero sí que nos ayudan mucho a concentrarnos.

La meditación misma

Cuando hemos dado todos estos pasos, al entrar en la meditación misma, lo primero es implorar el Espíritu Santo. Él es quien habita en nuestro interior y nos permite llamar a Dios, *Padre mío*, y entrar en una intimidad con él, sea a través de María o del Señor, o directamente con él.

Después de esta oración, recordamos el hecho que habíamos prefijado como materia de nuestra meditación y lo repasamos, por así decirlo, en cámara lenta.

En lo que sigue, hay que dejar que hable nuestro corazón, que podamos *"digerir"* con tranquilidad, si es el caso, algo que nos es difícil. O bien, nos gozaremos en algo que vivimos, que alegró nuestro corazón y daremos gracias al Señor.

El contenido de la meditación misma no lo podemos programar. En todo caso, no se trata, como hemos dicho, de reflexionar ni menos de sacar un propósito.

Término de la meditación

Después de hecha la meditación, damos gracias al Señor por haber estado con él y experimentado más vivamente su cercanía.

Hay que estar preparados también para épocas o momentos en que, por así decirlo, estamos más *"secos"* interiormente.

Al tratarse de nuestra vida afectiva, ésta tiene altos y bajos y, a menudo, pasar por la sequedad interior es una prueba grande. Así vivió Santa Teresa de Calcuta por largos años. Pero también, en estos estados, podemos crecer en la entrega al Señor.

3.5. Ser personas libres (Cultivar una auténtica libertad)

Puede parecer extraño, a primera vista, que toquemos ahora, en este contexto, este tema sobre la libertad. Sin embargo, corresponde a la perspectiva básica del P. Kentenich sobre la armonía de la naturaleza y la gracia.

Lo que nuestro padre fundador propone como una nueva forma de vivir la fe, como lo hemos explicado, requiere que hayamos sido educados o nos hayamos autoeducado como personalidades libres.

Aunque corremos el peligro de repetirnos, analizaremos algunas de las cosas más importantes que pertenecen a la autoeducación para ser personas plenamente libres.

Si consideramos, por ejemplo, la aplicación de la ley de la puerta abierta y de la resultante creadora que hemos analizado anteriormente, hacerlo requiere que hayamos aprendido a reflexionar, a decidir y a ser consecuentes con la realización de lo decidido.

A quien no reflexiona; a quien es indeciso; a quien no sabe optar ni ser consecuente con poner en práctica aquello por lo cual ha optado, no le será posible vivir la fe práctica en la divina Providencia.

No queremos ser hombres-masa. Somos personas que, en libertad, son capaces de decidir y realizar lo decidido. Si estamos en desacuerdo con la autoridad debemos poder libremente expresar el porqué de nuestro desacuerdo. Nuestro padre siempre defendió esta franqueza ante los superiores.

¿Qué pasa si Dios quiere hacer algo por medio de nosotros y no nos movemos, no cooperamos con él o somos inconstantes? Entonces él, porque no quiere hacer nada sin nosotros, está desvalido o bien recurre a hacer milagros, pero ello será verdaderamente una excepción. Ser una persona libre es difícil; es mucho más cómodo dejarse llevar por lo que simplemente está establecido, realizando lo mandado porque es lo mandado, o bien dejándonos llevar por las ganas, por lo que otros dicen, por el qué dirán. Para decidir en forma autónoma, es preciso contar con la capacidad de detenerse a pensar lo que debemos o no debemos hacer.

Si visualizamos lo que parece que Dios quiere de nosotros, entonces debemos dar un paso muy concreto: es preciso decidir, confrontando para ello lo que queremos decidir con lo que nos dice la Palabra del Señor y la doctrina de la Iglesia, con nuestro Ideal Personal, con nuestro Ideal Matrimonial, con nuestro Ideal de comunidad. Decidir autónomamente solo lo hace alguien que es interiormente libre.

La libertad también incluye el realizar lo decidido, el ser constante, el planificar y ejecutarlo. Ahora bien, esto lo podemos hacer cuando hemos sido educados o nos hemos autoeducado para llevar a cabo nuestras decisiones. Es decir, ser responsables y constantes, enfrentar las dificultades y también, muy a menudo, nadar contra la corriente.

Si optamos, hay que realizar aquello por lo que hemos optado. Hay personas que optan, pero se quedan esperando. Empiezan algo, pero no lo continúan. Les dio flojera, o llamó su atención otra cosa. Van como zigzagueando, no son tenaces; y si no hay tenacidad, no hay consecuencia, no hay coherencia ni constancia.

Si queremos ser libres, a veces tenemos que dar saltos mortales: decidir algo en contra de todo un ambiente, contra los que nos rodean, contra lo que piensan los compañeros de trabajo o la mayoría de las personas. Nuestro padre y fundador nos enseñó esto muy vitalmente.

Hay muchos "opinólogos" que analizan diversos temas y dicen "habría que hacer tal cosa..." Pero no realizan nada. Nosotros tenemos que saber comprometernos, con nosotros mismos o con otras personas, a cosas muy concretas. Hoy día, ser hombres libres es una tarea inmensa.

Las cosas que valen la pena son difíciles de lograr. Es preciso emplear estrategias y tácticas; hay que ser tenaces, de lo contrario somos pesos muertos, sentados en un sillón, o como dice al Papa Francisco, "balconeamos". Y nos lavamos las manos.

Este tipo de personas es lo que necesita la Iglesia, nuestra Familia y la sociedad: personas que saben lo que quieren, que han decidido y que realizan lo que han decidido, que son consecuentes. Y si vienen vientos en contra, los enfrentan.

VII. EL PENSAR, AMAR Y VIVIR ORGÁNICOS

1. PREÁMBULO

El carisma del P. Kentenich, como lo hemos explicado, se centra en la armonía de la naturaleza y de la gracia, que se vive y cultiva a través de un acentuado marianismo patrocéntrico.

Nuestro padre y fundador nos entregó, en este sentido, una espiritualidad y medios pedagógicos pastorales que aplicó fecundamente durante toda su vida.

Él percibió la dificultad o resistencia que encontró respecto a la piedad mariana que él había promovido, consecuentemente, desde el mismo inicio de Schoenstatt. Recordemos que en Alemania el protestantismo tuvo una fuerte influencia y había dejado una huella en la misma Iglesia católica. Lutero descartó todo lo que pudiera significar una mediación entre Dios y los hombres y por eso la Virgen María y el papado fueron descartados. El hecho fue que, en algunos círculos de dirigentes de la Iglesia, existió un cierto recelo respecto a la acentuación mariana, cosa que, en general, en el pueblo cristiano no se daba. Un punto importante para el diagnóstico de nuestro padre fue que, en los reparos que le hicieron los obispos alemanes en 1935, normalmente aparecía la objeción: "¿Por qué tanto María y no ir directamente a Cristo?" "¿Para qué dar este rodeo, de ir a Cristo por medio de María, cuando lo importante es Cristo?"

Otro momento histórico importante en el cual aparece con mucha fuerza esta mentalidad de rechazo a toda mediación entre Dios y los hombres, es lo que se produjo en relación con la corriente Jardín de María, que nació en la carcel de Coblenza en Navidad de 1941, entre el P. Kentenich y las Hermanas de María, porque ponía en un primer plano el vínculo con el padre fundador y la estrecha vinculación filial a él. El Visitador señaló que la posición que se le daba al P. Kentenich y la relación que existía con él, era algo errado, que era necesario corregir.

El P. Kentenich responde con una larga carta (la *"Epístola Perlonga"*), donde se extiende, sobre todo, en la defensa del pensar, amar y vivir orgánicos.

En definitiva, era la misma mentalidad que objetaba la "exagerada" vinculación con la Santísima Virgen. Aquí se trataba de una persona que, por estar tan en el centro y generar una relación tan profunda con los suyos, obstaculizaría con ello la relación con Cristo y, eventualmente, con la Iglesia, ya que los suyos seguirían más aquello que su fundador decía que lo que podría decir la Iglesia.

¿Cuál era la dificultad? Nuevamente se trataba de la incapacidad de aceptar una relación humana, por cierto, también signada por la gracia de aceptar la profundidad que se daba del afecto paternal y filial entre el fundador y los suyos, lo que fue el punto de controversia que terminó con el destierro del P. Kentenich en Milwaukee.

Parecía inaceptable que se pudiese querer tan concreta y profundamente a una persona, en este caso al padre fundador, sin que ello implicase un peligro de que no se cultivara ni acentuara la vinculación a Cristo Jesús.

El P. Kentenich señaló que, tras esta problemática, existía una manera de pensar enferma, apartada de la vida, que separaba realidades que estaban íntimamente ligadas y que, vitalmente, no se contradecían.

Si bien, ya en 1934, él comenzó a hablar del pensar mecanicista y del pensar orgánico, a partir de su carta de respuesta al Visitador, en la *"Epistola perlonga"*, utiliza preferentemente la trilogía *"pensar, amar y vivir orgánicos"*.

Con ello se ponía más de manifiesto que esta mentalidad abarcaba toda la persona. En este mismo sentido hablaba del doble organismo de vinculaciones, naturales y sobrenaturales, en sí mismos y en su mutua relación.

La situación por la cual atraviesa hoy la Iglesia, al haberse manifestado en ella los graves errores que han cometido, especialmente miembros de la jerarquía, en relación con abusos de poder y también con abusos en el orden de la sexualidad, muestra la importancia de la controversia que se produjo a raíz de la Visitación Apostólica.

En ese sentido, cabe hacerse la pregunta: ¿por qué no se produjeron esas desviaciones en el caso del P. Kentenich? Por eso, llevar a cabo lo que llevó a cabo y propone el P. Kentenich debe ser analizado más de cerca.

Todas las personas estamos sometidas a las consecuencias que deja en nosotros el pecado original. El P. Kentenich ciertamente tomó resguardos que cabe mantener y practicar para vivir el amor en forma sana, natural y sobrenatural, es decir, para vivir un amor "orgánico".

Analizaremos ahora más en detalle la triada del pensar, amar y vivir orgánicos.

2. EL PENSAR ORGÁNICO

2.1. Descripción del pensar mecanicista

¿Qué entiende específicamente el P. Kentenich por pensar mecanicista? El pensar mecanicista se refiere a un modo de ver la realidad, es decir, un modo de pensar que se ha convertido en "mentalidad". Este modo de pensar o esta mentalidad mecanicista separa los elementos de un todo que, en la realidad, están unidos e interrelacionados vitalmente entre ellos. No es capaz de ver las partes en el todo ni el todo en sus partes. Para analizar la realidad, distingue partes o aspectos de esta dejando de ver su mutua relación e interdependencia, como si fueran piezas de una máquina.

De esta forma, el pensar mecanicista considera separados y opuestos elementos que, de suyo y por voluntad de Dios, constituyen un conjunto orgánico, dentro del cual están llamados a complementarse, apoyarse y fecundarse mutuamente. Separa mecánicamente donde hay unión; divide y opone donde solo hay diferencias o polaridades destinadas a la mutua complementación.

Por eso, el P. Kentenich califica también de "separatista" a este modo de pensar, porque separa, contrapone, disgrega lo que, en la realidad y en la vida, está unido y relacionado.

Es un pensar que el padre fundador define como *pensar "o-o"*: o Dios o el hombre, o autoridad o libertad; contrapuesto a un *pensar "y-y"*, amor a Dios y amor a los hombres, autoridad y libertad, etc.

En este sentido, el secularismo de nuestro tiempo suprime la realidad de Dios y deja solo la realidad del hombre. Es por eso, que el padre fundador se juega por el pensar orgánico, que une Dios y mundo, naturaleza y gracia, María y Cristo.

Sin el pensar orgánico, se hace imposible comprender el marianismo y el patrocentrismo, la fe práctica en la divina Providencia y la relación con Cristo, tal como están en la médula de la espiritualidad y pedagogía kentenijianas.

Pensemos en la actualidad lo que esto reviste, por ejemplo, respecto a la temática del feminismo, que lucha por la igualdad entre el varón y la mujer, pero deja de lado que, en esa igualdad de dignidad, existe también una desigualdad, porque el hombre y la mujer poseen cualidades propias que enriquecen, que complementan y hacen más fecunda la relación mutua.

Para señalar otros campos, por ejemplo, hoy resulta difícil considerar positivamente la tensión entre autoridad y libertad, entre espíritu y forma, entre persona y comunidad, entre familia y trabajo. Son muchos los campos en los que constantemente se puede constatar una manera mecanicista de pensar y actuar que no logra conjugar los diversos elementos de un todo en forma orgánica.

Otro campo en el cual este pensar mecanicista o separatista se manifiesta es en la dificultad de considerar los diferentes procesos de desarrollo que se dan en las personas y en las comunidades.

En un organismo, las partes que lo conforman no se desarrollan de igual manera y al mismo tiempo, sino que el desarrollo se va produciendo en algunos aspectos más que en otros. Sin embargo, cuando crece una parte, crece también con ella el todo.

Esto se muestra muchas veces en la *"pedagogía de eventos"*, donde se abordan, unas tras otras, temas y actividades desconectadas entre sí. Se hace un evento respecto a un tema y, luego de un tiempo, se trata otro tema sin que se relacionen ambos, desaprovechando esa conexión para crecer.

Se da también cuando, en grupos de formación, se acostumbra a trabajar con fichas de estudio y, sin cuidar la profundización de una actitud, se pasa a tratar otra desligada de la anterior, sin reparar en el proceso de crecimiento y de asimilación.

El *pensar analítico separatista* no busca ni es capaz de desarrollar, por ejemplo, las diversas dimensiones de un grupo o comunidad, como son la dimensión fraterna, de formación, de oración, de ideales y la dimensión apostólica. No considerar el todo lleva, a menudo, a extrapolar o poner énfasis en una de estas dimensiones sin cuidar que también se dé espacio para que se desarrollen las otras.

El *pensar orgánico*, por el contrario, ve la totalidad; considera la interrelación de los elementos que componen el todo. Es un pensar cercano a la vida y no solamente lógico o abstracto. Es una forma de pensar que considera los desarrollos vitales y que, por eso, es profundamente realista y no teórico.

En este sentido, el P. Kentenich habla de un *"pensar perspectivo"*, que ve a la persona y a la comunidad en su desarrollo. De allí que posea una *"paciencia pedagógica"*: no se puede exigir que, desde el inicio, "todo esté en orden". Hay cosas que se van logrando poco a poco y que van madurando con el tiempo.

Si se exige todo al inicio, a la larga se va perdiendo el todo. Se debe dar espacio para que, de un amor egoísta, primitivo, la persona pueda desarrollar, poco a poco, un amor altruista, centrado en el tú.

Cuando nuestro padre se refiere al pensar mecanicista señala también que el pensar orgánico es un *pensar "simbólico"*. Con esto se refería al hecho de que las ideas o el raciocinio, muchas veces, no logran captar la realidad, porque esa realidad desborda la capacidad de formular su contenido con ideas.

Un caso preclaro de esto se da, por ejemplo, cuando hablamos del amor. Podemos describirlo con ideas, pero si decimos que el amor es un fuego ardiente, seguramente captamos más lo que es en realidad. De allí que, muchas veces, la expresión poética revele mucho más lo profundo que existe en la realidad y en los procesos vitales.

2.2. La lucha contra el pensar mecanicista

Lo acontecido en torno a la Visitación y al destierro posterior del P. Kentenich a Milwaukee, está unido a un potente llamado que él hace a asumir una decidida lucha contra el pensar mecanicista.

Hemos creído pertinente citar parte de la plática que él pronunció el 31 de Mayo de 1949, cuando puso sobre el altar, del recién bendecido Santuario de Bellavista, la primera parte de su respuesta al Visitador.

En ella se refiere al pensar mecanicista incluyendo, ciertamente con este término, también el amar y el vivir mecanicista.

a. Asume una pesada carga

Llama la atención que el padre fundador se sienta responsable, frente a Occidente, de emprender esta lucha. Recordemos que, al inicio, señalamos aquella frase suya que dice:

> *A la sombra del Santuario se codecidirán los destinos de la Iglesia y del mundo.*

Aquí se refleja esa misma idea.

> *Con la entrega solemne que hacemos de este trabajo, aceptamos una carga que hombros humanos no pueden llevar por sí solos. (...)*

> *¿Será acaso un don que nos hace en pago, un reconocimiento y un honor para nosotros, si creemos que ella nos quiere usar desde acá, a partir de este día, para ganar una influencia más poderosa en la forjación de los destinos de la Iglesia en el espacio cultural de Occidente? (...)*

Se trata de asumir una tarea frente a Occidente.

> *El desvalimiento de uno de los contrayentes (de la alianza) se debe sobre todo a la angustia por la pesadísima tarea que ahora se vuelve a encomendar para Occidente (...)*

> *Hace poco señalaba la gran tarea que tenemos aquí en Chile como pequeña Familia. Sin embargo, el motivo que nos reúne hoy, en esta tarde, indica que el Padre Dios nos ha confiado una gran tarea para todo el mundo, especialmente para Europa, para el Occidente.*

b. Sanar el alma de Occidente

Para el P. Kentenich, se trata de una enfermedad, y el pensar orgánico es justamente el punto arquimédico en que se decide su sanación. Para él esta tarea está estrechamente unida con la persona y la misión de María.

> *¿De qué tarea se trata? Se trata de desenmascarar y sanar radicalmente el germen de la enfermedad que aqueja al alma occidental: el pensar mecanicista.*
>
> *Tengo bastantes razones para suponer que Dios ha impuesto en este sentido una carga pesada a nuestra Familia. La ley de la puerta abierta me persuade de ello. Quien tiene una misión, debe serle fiel y cumplirla.*

c. Una experiencia personal

Nuestro padre nos entrega aquí una importante confesión, dejando al descubierto, en su propia historia personal, la tarea que nos encarga. Lo que él propone no lo deduce de un raciocinio o de un estudio, sino a partir de lo que el Dios providente ha puesto en su camino o ha permitido que él experimente.

> *¡Desvalimiento! Si recuerdo cómo todo ha ido creciendo: todo es un regalo extraordinariamente grande que el Padre Dios me ha dado: la mentalidad orgánica opuesta a la manera de pensar mecanicista. Esta fue la lucha personal de mi juventud. En ella pude vencer aquello que hoy conmueve a Occidente hasta en sus raíces más profundas. Dios me dio inteligencia clara.*

Por eso tuve que pasar, durante años, por pruebas de fe. Lo que guardó mi fe durante esos años fue un amor profundo y sencillo a María.

El amor a María regala siempre, de por sí, esta manera de pensar orgánica. Las luchas terminaron cuando fui ordenado sacerdote y pude proyectar, formar y modelar en otros, el mundo que llevaba en mi interior.

El constante especular encontró un saneamiento en la vida cotidiana. Este es, además, el motivo por qué conozco tan bien el alma moderna, aquello que causa tanto mal en Occidente.

¿A quién debo agradecer todo esto? Viene de arriba. Sin duda de la Santísima Virgen. Ella es el gran regalo. De este modo pude, además de la enfermedad, experimentar, también en mi propia persona y muy abundantemente, la medicina...

d. Conciencia de misión

El P. Kentenich constata que *"Occidente camina a la ruina"*. Sin embargo, su visión no es pesimista ni fatalista. Él hace un llamado a actuar en una obra de rescate, de construcción y edificación.

Llama también la atención su valor al emprender una lucha que, humana y plenamente, podría fracasar.

La misión tan manifiesta de Schoenstatt para Occidente, especialmente para nuestra patria, frente al co-

lectivismo que avanza poderosamente y que destruye todo, se encuentra frente a un muro que solo puede ser derribado si se aleja y vence el mencionado bacilo... (...)

Vemos cómo Occidente camina a la ruina y creemos que estamos llamados, desde aquí, a realizar un trabajo de rescate, de construcción y de edificación. Creemos que tenemos que ofrecernos como instrumentos para impulsar una contracorriente que vuelva a los países de los cuales también nosotros hemos sido abundantemente beneficiados...

Por eso es que tenemos el valor de exclamar con Pablo: ¡No puedo dejar de predicar! No puedo hacer otra cosa, debo esgrimir la palabra, ustedes comprenden cuán grande es esta gigantesca tarea para nuestro desvalimiento. Tenemos que pensar en David enfrentándose con Goliat. Pienso en el salto mortal que me atreví a dar en 1942 y estoy consciente de que, esta vez, se repite. Si no contáramos con la buena voluntad de la Santísima Virgen, nunca nos atreveríamos a dar este arriesgado paso...

e. María nos necesita

Sabemos que el padre fundador está profundamente convencido de que María quiere mostrarse como *"la Vencedora de los errores colectivistas de nuestro tiempo"*. Ahora bien, ella está supeditada a instrumentos que lleven a cabo esta labor.

Por otra parte, si ustedes me comprenden bien, podría agregar que no solo yo, no solo nosotros, sino también la Santísima Virgen está desvalida ante la situación. Es cierto que ella es la Omnipotencia Suplicante ante el trono de Dios, pero también es cierto que, en los planes de amor divino, ella está supeditada a instrumentos humanos dóciles y de buena voluntad. Si es que, por el Primer Documento de Fundación, ha aceptado la tarea de mostrarse en Alemania desde nuestro Santuario, en forma preclara, como la Vencedora de los errores colectivistas, entonces ella -me expreso a la manera humana- busca ansiosa con su mirada instrumentos que la ayuden a realizar esta tarea.

f. Nos ponemos enteramente a disposición de María

Es un honor, afirma el P. Kentenich, poder ayudarla. Por eso, queremos cooperar con ella, asumiendo los sacrificios que implica, apoyando nuestra acción con la oración.

¿Qué nos queda sino ponernos sin reservas a su disposición, en el sentido de nuestra consagración, aceptar sus deseos, nuevamente entregarnos a ella, y dejarle a ella la responsabilidad de su gran obra, en la cual nosotros, dependiendo de ella y, por interés en su misión, queremos cooperar, sufrir, sacrificarnos y rezar...? La Santísima Virgen está desvalida, ella sola nada puede. Es un honor para nosotros poder ayudarla.

g. *Entregarle todo*

Nuestro padre fundador nos abre un camino que nos lleva a jugarnos, también nosotros, por entero; a entregarnos sin reservas a ella y a la misión que nos encomienda.

> *La Santísima Virgen tiene una gran tarea frente a Occidente. Una vez que me hizo comprender esto, me pidió que yo también le entregase todo. Esto es lo hermoso, lo grande, que nuevamente nos une: presentamos a la Santísima Virgen nuestro desvalimiento y ella nos regala también su desvalimiento, pero también su buena voluntad. ¿Qué pide en cambio de nosotros? El reconocimiento de nuestro desvalimiento.*

3. UN MODO DE AMAR ORGÁNICO

3.1. Descripción general del amor orgánico

Habiéndonos ya referido al pensar mecanicista, trataremos de profundizar ahora lo que nuestro padre entiende por amor orgánico. En este sentido, él habla de la necesidad de establecer "vínculos" de amor.

Se da un vínculo cuando hay una relación de amor permanente, lúcida y cargada de afecto a una persona.

En definitiva, tras esto está "la ley fundamental del amor": todo lo hacemos por, en y para el amor. El vínculo es un lazo de amor personal.

Estos vínculos se dan en el plano natural y sobrenatural. Es decir, la persona ama a otras personas y genera, lo que el fundador denomina, una red, un *"organismo de vinculaciones"*. Por ejemplo, en la familia se da pre-claramente este organismo de vinculaciones: de los esposos entre sí y de los hijos con ellos, de ellos con sus hijos y de los hijos entre sí.

Cuando el P. Kentenich afirma, en este sentido, que Schoenstatt posee la misión de cultivar consciente y continuamente el mundo de los vínculos personales, por cierto, que no se refiere simplemente a ser socia-bles, a cultivar un espíritu familiar, a tener muchas amistades, muchos contactos sociales. Eso está bien, pero lo que dice el P. Kentenich es mucho más profun-do y más amplio.

Un vínculo es un lazo de amor estable, lúcido, don-de la voluntad está comprometida con esa persona a quien amamos, y esa vinculación está cargada de afecto y de calidez. Y ese vínculo, si es orgánico en el orden natural, nos conduce a vincularnos con Dios. Se da entonces una íntima relación de un organismo de vinculaciones naturales y sobrenaturales.

De acuerdo con el principio de la armonía entre la na-turaleza y la gracia, el cultivo del amor en el plano natural, pedagógicamente, será clave para establecer una profunda relación de amor hacia las personas del orden sobrenatural.

El amor orgánico se da en dos direcciones, a saber, de parte del objeto o las personas que amamos y, de parte del sujeto que ama.

En este último, se da un amor que es sobrenatural, espiritual, afectivo e instintivo. Estas dimensiones del amor en el sujeto deben estar armónicamente integradas.

Nos referiremos primero al amor a las personas que amamos, es decir, al organismo de vinculaciones en el orden natural.

3.2. El amor de parte del objeto que amamos

a. El doble organismo de vinculaciones

El principio que dice que la gracia edifica sobre la naturaleza, lleva al P. Kentenich a destacar, de modo especial, el cultivo de los vínculos humanos como base natural de los vínculos en el orden sobrenatural.

El amor a las personas y la respuesta de amor que se da en ellas, hacen posible, desde el punto de vista sicológico, que las personas, a través del lazo de amor con otras personas, en y a través de ellas, encuentren más vitalmente el amor de Dios.

Por ejemplo, el marido ama a su esposa y su esposa ama al marido, y eso no solo no impide, sino que hace comprensible, en el plano humano, la realidad del amor de Cristo, como el Esposo de la Iglesia, y el amor de María, la Madre y Esposa de Cristo.

Las criaturas, nosotros, fuimos hechos a imagen y semejanza de Dios. Por eso somos una imagen de Dios, un camino y una garantía del conocimiento y amor a Dios. El que no ama a su hermano, no conoce a Dios, porque Dios es amor. No tiene idea de lo que es el amor porque no ama en el plano humano.

Afirma san Juan:

> *Y si alguno dice: Yo amo a Dios, y aborrece a su hermano, es un mentiroso. Pues el que no ama a su hermano a quien ve, ¿cómo puede amar a Dios a quien no ve? El que dice que ama a Dios a quien no ve, y no ama a su prójimo, a quien ve, miente. Porque Dios es amor. (1 Jn 4, 20):*

Si se da esta relación de amor en el orden humano, nuestra fe y religiosidad se hacen una experiencia y la fe adquiere toda su vitalidad. Cuando esto no se da, fácilmente se cae en una fe desencarnada.

Ahora bien, la gran objeción del Visitador a Schoenstatt fue el amor filial que profesaban las Hermanas de María al padre fundador. Según este, el P. Kentenich podía dar directrices, pero no estar en el centro.

Es interesante recordar lo que el padre dice en su Plática del 31 de Mayo de 1949. Allí se puede percibir claramente la posición que tenían el Visitador y el P. Kentenich.

Les dice a las Hermanas:

La Santísima Virgen nos ha regalado el uno al otro. Queremos permanecer recíprocamente fieles: el uno en el otro, con el otro, para el otro, en el corazón de Dios. Si no nos reencontrásemos allí, sería algo terrible. Allí debemos volver a encontrarnos.

No deben pensar: vamos hacia Dios, por eso debemos separarnos. Yo no quiero ser simplemente un señalizador en la ruta. ¡No! Vamos el uno con el otro. Y esto por toda la eternidad. Cuán errado sería ser solo señalizador en el camino. Estamos el uno junto al otro para encendernos mutuamente.

Nos pertenecemos el uno al otro ahora y en la eternidad; también en la eternidad estaremos el uno en el otro. ¡Es éste el eterno habitar del uno en el otro propio del amor! Y entonces, permaneciendo el uno en el otro y con el otro, contemplaremos a nuestra querida Madre y a la Santísima Trinidad.

Las palabras del P. Kentenich son muy claras. Él no quiere ser simplemente un "señalizador en el camino". Es decir, él no quiere estar ahí frente a las Hermanas, simplemente como alguien que da directrices, que establece normas y determina lo que hay que hacer y lo que no hay que hacer.

Ese es su modo de ejercer la autoridad y, en este caso, de educar. Esto es lo que hace posible que las personas descubran el amor a Dios en el amor que reciben en el plano humano. El amor que se da en el plano humano, según lo que afirma san Juan, garantiza que realmente amamos a Dios. Se trata, por lo tanto, de un amor *"orgánico"* que, aquellos que tienen un cargo de autoridad o son educadores, deben cultivar en forma especial.

Si se quiere educar en la fe y ser un camino hacia el Señor, entonces tienen que comprometer su corazón, dejando de ser unos meros "señalizadores" en el camino.

Estos vínculos son el terreno preparado para sembrar el amor a Cristo Jesús, al Padre Dios y al Espíritu Santo; a María Santísima y a los santos.

La vivencia de la unión de corazones, en el plano humano, permite que aquello que rezamos en el Credo: "creo en la comunión de los santos", no sea meramente una frase que repetimos sino una realidad que vivimos.

¿Cómo vamos a poder decir que vivimos en Cristo si, en el plano humano, no poseemos la experiencia de un amor que "vive" en un tú a quien amamos? ¿Qué significa amar al Padre Dios, en Cristo, con el Espíritu Santo? ¿Qué significa que amemos a María, a los santos? Son verdades que rezamos en el Credo, pero ¿se trata de un amor verdaderamente personal?

Muchas veces rezamos y leemos oraciones, pero a menudo no vivimos lo que rezamos. ¿Cómo es nuestro vínculo real con Dios?

En la Eucaristía es central la sagrada comunión. Cuando comulgamos, el Señor está en nosotros, con nosotros y nosotros en él y con él. ¿Pero, es esto una vivencia real para nosotros? ¿Lo creemos vitalmente? ¿Lo sentimos? ¿Cómo vivimos este "estar el uno en el otro" en el plano natural? Observemos qué pasa después de la comunión. A veces ni siquiera tenemos un minuto de silencio después de comulgar, y se canta y se canta... ¿Y qué sucede con nuestro diálogo personal con el Señor?

¿Cómo es el diálogo que tienen los esposos? Si en el plano natural, no está viva la experiencia de estar el uno en el otro, ¿cómo vamos a poder vivir realmente el estar en Cristo? ¿Cómo podremos describir a otro esta experiencia de estar en Cristo y con Cristo? El intento será difícil; será como describir a un ciego los colores que se dan en el jardín.

El fundador de Schoenstatt desarrolla esta visión y nos convoca a reconstruir el organismo de vínculos naturales y sobrenaturales, cultivándolos tanto en sí mismos como en su mutua interrelación.

Cultivar los vínculos, en el orden natural, nos ayuda a fortalecer los vínculos en el orden sobrenatural y viceversa.

Conocemos a las personas sobrenaturales en la fe. Por eso, lo que se vive en el plano humano ayuda y facilita la recepción de la fe y, consecuentemente, entrar en el mundo del organismo de las vinculaciones sobrenaturales.

En ese mismo orden, siempre vamos experimentando el claroscuro de la fe. Y siendo así, cuán difícil será introducirse en ese mundo sin tener vivencias de amor en el plano humano.

El P. Kentenich afirma que la ausencia de Dios en el mundo actual se debe, en gran parte, a la destrucción del organismo de vinculaciones en el plano humano. Por eso, su llamado a cultivar las vinculaciones personales, es decir, un amor lúcido, cálido y permanente a las personas que nos rodean.

Observemos lo que sucede hoy en la familia natural y en la sociedad en general. Sin duda la realidad familiar (que es la célula básica de los vínculos naturales) ha sufrido enormemente: abundan las familias separadas o disgregadas, los matrimonios que se hacen y deshacen.

¡Cuántos hijos carecen hoy de padre o de madre! Biológicamente los tienen, pero, afectiva y concretamente, muy a menudo, los padres no están realmente presentes para ellos: carecen de la experiencia de un real y profundo amor paterno, materno y fraterno.

Por otra parte, si observamos la realidad social, no será difícil descubrir en ella un marcado individualismo o bien una masificación donde la persona forma parte de una sociedad individualista o de una masa guiada por un dictador, donde la persona no es más que una parte recambiable de una máquina de producción.

Por cierto, esta realidad es diferente de país en país y de región en región, pero, generalizando, podemos afirmar, con nuestro padre fundador, que hoy somos testigos de una destrucción casi sistemática del organismo de vínculos naturales, proceso que se ha desarrollado con mayor rapidez e intensidad gracias a las maravillas tecnológicas de los medios de comunicación que, muchas veces, en la realidad, como se suele decir, nos relacionan y contactan con las personas lejanas, pero nos separan de las más cercanas: somos uno con el celular. Es claro que existen excepciones, muchas y admirables, pero ¿qué es lo que predomina?

El amor a los demás es garantía del amor a Dios. Si amamos a los hermanos, amamos a Dios y si amamos a Dios, amaremos también a los hermanos. Si nos adentramos en el mundo del amor orgánico o de las "vinculaciones", si vemos a las criaturas en relación a Dios y las amamos como tales, la cultura actual podrá revertir el camino por donde va actualmente: el de una profunda secularización o abandono de la Casa del Padre Dios, con todas las consecuencias que ello entraña.

Si cultivamos el mundo de los vínculos personales, la vida de la Iglesia se irá fortaleciendo cada vez más. El cultivo de los vínculos fortalece a la persona y a la comunidad; trae la verdadera felicidad, porque nadie es feliz si no ama y no es amado.

En lo que explicamos anteriormente, destacamos el papel que juega el educador, tal como el padre fundador lo vivió y lo enseñó. No podemos analizar ahora en detalle lo que esto significa, pero invitamos a estudiar esta realidad en forma consciente porque, de otra forma, nuestra fe no será una fe viva y nuestro contacto con Dios carecerá de calor y de profundidad.

b. La familia y la identidad de género

La íntima relación que existe entre el organismo de vínculos naturales y sobrenaturales llevó a que el P. Kentenich hiciera un llamado especial a trabajar en una pastoral de familias, a preocuparnos, en forma muy especial, de la familia, y a desarrollar, en la sociedad y en el mundo del trabajo, una cultura que exprese y proteja la fraternidad, el respeto por la persona y las sanas relaciones de amor.

No podemos detenernos ahora en todo lo que esto significa. Solo mencionaremos un poco más detalladamente la necesidad que muestra nuestro padre de trabajar decididamente por la familia.

El proceso de desintegración de los vínculos se ha ido haciendo cada vez más profundo. En el siglo XX, a inicios de los años 30, el Papa Pío XI publicó la encíclica *Casti Connubi*, sobre el matrimonio y la familia. En esos años, el P. Kentenich comenzó a acentuar la necesidad de cuidar de la familia. Encarga para ello al padre Alberto Eise. Sin embargo, el régimen nazista imperante en esos años, hizo que su iniciativa no pudiera tomar cuerpo.

Ya estando de regreso del campo de concentración de Dachau, en el año 1948, vuelve a impulsar, desde Schoenstatt, el trabajo pastoral por el matrimonio y la familia.

Sabemos que, en 1949, se inicia la Visitación Apostólica a Schoenstatt y, en 1952, ocurre el exilio del padre fundador a Milwaukee. Durante su estadía en Estados Unidos, él mismo pudo iniciar un trabajo con matrimonios. Por otra parte, progresivamente, se fue consolidando el trabajo pastoral con matrimonios en el Movimiento de Schoenstatt.

Este trabajo, en la visión de nuestro padre fundador, es básico ya que el hogar es el lugar donde toda persona es amada y aprende a amar; es acogida y aprende a acoger; aprende a establecer vínculos y a sentirse parte de una red de vínculos.

Según el P. Kentenich, *"debemos bajar a las catacumbas de la familia"* (Jornada pedagógica de 1951). Así como la Iglesia primitiva nació en las catacumbas, así también "desde las catacumbas de la familia" debe generarse una nueva cultura que dé respuesta a un tiempo de desarraigo, individualismo, masificación y secularismo.

En este mismo horizonte, nuestro padre fundador aborda la temática de la *crisis de los sexos*. Esta se inició con fuerza ya a partir de los años 20, lo que, posteriormente, ha sido la corriente de la *"emancipación femenina"*. En este sentido, señala que la crisis sexual ha existido siempre y seguirá existiendo. Lo nuevo es la *crisis de los sexos*; usando el lenguaje actual, es la temática de la *ideología de género*.

El amor paterno y materno constituyen la base del crecimiento y desarrollo sicológico sano de los hijos. Si falta la vivencia de ese amor, acarreará consigo normalmente inseguridad, angustia, rebeldía y desadaptación social.

Es en el seno de la familia donde se puede y debe vivir con mayor fuerza la diversidad entre los esposos y entre ellos y sus hijos.

El amor y la autoridad paterna y materna son esenciales para la sociedad. De allí que se debe cultivar consecuentemente la conciencia de ser padres y de ser madres que acojan la entrega filial de sus hijos.

No hemos tratado en particular los vínculos con la naturaleza y con las cosas. No lo hacemos porque nos llevaría muy lejos. Esto no significa, en absoluto, que no sea también importante visualizarlos y, en el caso que hayan sido dañados, restablecerlos en su plenitud. Pensemos solo en lo que significa para nosotros la vinculación al terruño, a nuestro santuario.

Recordemos, además, que nuestro padre, cuando publicó el libro *Santidad del Día de Trabajo*, define el amor orgánico como la relación orgánica, cargada de afecto, del amor a Dios, a los hombres, a la naturaleza y a las cosas.

3.3. El amor orgánico de parte del sujeto que ama

El P. Kentenich señala que tenemos que tratar que la persona, el sujeto que ama, ame orgánicamente; que ame no solamente porque admira a una persona y se interesa por ella, sino que, además, tiene que poner en juego su voluntad, su razón, su afecto; es decir, que su amor sea un amor lúcido, donde la razón aporta un conocimiento del tú; donde la voluntad confiere capacidad de compromiso libre y responsable; que abarca también el corazón, es decir, donde los instintos aportan algo que va más allá de la razón y la voluntad. Entonces, esa persona estará amando orgánicamente, como Dios quiere.

Este amor natural está llamado a fortalecerse, sanarse y adquirir nuevas dimensiones, a través del amor sobrenatural.

Estos "amores" se pueden analizar teóricamente por separado, pero, en la realidad, se viven simultáneamente.

Un esposo que ama a su esposa no dice que está amándola con su inteligencia o con su voluntad o con su instinto, como si cada uno de estos amores no estuviese interrelacionado con el resto. En la práctica, sin embargo, muy a menudo amamos inorgánicamente, y es común que el amor sensible, el amor afectivo o sexual, se separe del amor espiritual, de la voluntad, de la lucidez y, más todavía, que se separe del amor sobrenatural.

En esta misma dirección, a menudo se dan tendencias sobrenaturalistas que dejan de lado todo lo que tiene que ver con el afecto o con los instintos y las pasiones en el plano humano.

Sobre todo, en el pasado, se tomaba distancia del cultivo de todo aquello que tuviese algo que ver con un amor cálido, cercano y afectivo, en el ámbito de la espiritualidad. Sin embargo, cuando un amor no capta también el afecto, queda trunco.

Si esto predominaba en el pasado, hoy día, a partir de las malas experiencias que han salido a la luz pública, especialmente en la Iglesia, respecto a los vínculos afectivos de sacerdotes con los fieles, desde otra perspectiva se concluye algo semejante: es peligroso el mundo afectivo, la relación cercana y cálida con los educadores, ya que estos pueden abusar de su autoridad o generar abusos sexuales, relaciones homosexuales, lesbianas o, en otros casos, pedófilas.

Ante esta realidad, se opta por dejar de lado el "peligroso" mundo afectivo, sobre todo en la evangelización y en el ámbito escolar.

Profundizamos esto a continuación.

3.4. Asumir el afecto

a. En general

Al detenernos en este tema, de ninguna manera dejamos de lado la importancia de la lucidez que dan al amor, la razón y la voluntad, que permiten entregarse a sí mismo y comprometerse. La totalidad del amor, de parte del sujeto que ama, requiere el afecto, la razón y la voluntad. Nos detendremos, sin embargo, solo en la dimensión afectiva del amor personal, ya que, en muchos lugares, se ha constituido en el centro de la problemática actual al interior de la Iglesia.

El P. Kentenich se atrevió a asumir el mundo afectivo y a encauzar el mundo instintivo, a poner en juego las pasiones. Se atrevió a entregar su corazón a quienes tenía bajo su cuidado y a cultivar con ellos un profundo amor paterno-filial. Si esto se daba, entonces ellos, por el amor que le tenían, abrirían su corazón y su inteligencia a lo que él les estaba transmitiendo.

Esta relación estaba sumergida en Dios y se vivía en su amor. De allí los frutos abundantes de quienes pudieron cosechar de su siembra.

Los instintos están heridos por el pecado original, pero no por ello deben ser simplemente reprimidos. ¿Qué sucedería si una madre no poseyera un extraordinario instinto materno? ¿De dónde sacaría la fuerza para sacrificarse días y noches por el cuidado de su hijo enfermo? ¿Qué sería una sociedad donde la ternura hubiese desaparecido? ¿Qué sería de nuestro apostolado, si no tuviéramos pasión por la construcción del reino, si no pasáramos de conocer los ideales a estar entusiasmados y poseídos por ellos?

Nuestro padre asumió la afectividad en el proceso pedagógico. Es parte esencial de su carisma. En otras palabras, él dio forma a una nueva pedagogía que, posteriormente, llamó *pedagogía de vinculaciones*.

Se trata de vínculos de amor, vínculos iluminados por la fe y la razón, que están sostenidos por la voluntad que, libremente, se compromete, se da, se entrega. Son vínculos de amor que asumen lo afectivo, el corazón.

Esto, aunque parezca algo evidente, no lo es. Porque, como hemos visto, en la pedagogía y en la espiritualidad se temió poner como algo importante, lo afectivo, el amor, un amor de corazón, cálido.

Recordemos que, cuando el P. Kentenich dice a sus alumnos, en 1912, *"por sobre todo les pertenece mi corazón"*, esa frase suena como algo muy extraño, como dijimos, tanto antes como ahora. Y, sin embargo, para él, era algo muy importante. Se trataba de un amor de corazón, de un amor humano y también sobrenatural; de un amor que es asumido, purificado y sanado por lo sobrenatural.

¿Por qué esto tiene tanta importancia? Por una parte, porque el Evangelio lo pide claramente, y, por otra parte, porque los métodos tradicionales de transmisión de la fe, hoy no dan muy buenos resultados.

¿Cómo se anunciaba la fe? Como verdades que había que aprender de memoria, como el catecismo. Había que cultivar las virtudes y ejercitar la voluntad. Hoy ni siquiera se conoce el catecismo…

Hace ya tiempo que cambió la cultura y, lo más importante, es que el hombre actual, en general, no tiene mucho interés por Dios. Que le hablen o no le hablen de Dios, le da lo mismo. Dios es alguien secundario, alguien que no está en los cálculos del hombre actual. Vivimos en una cultura marcadamente atea. Hace ya muchos decenios que la cristiandad se acabó.

Podemos entusiasmar y atraer a las personas, a la juventud; podemos realizar un apostolado social, –y es importante hacerlo–, pero el entusiasmo es por alguna obra social, y una vez que se realiza ese apostolado, con frecuencia, se acabó la fe.

El Papa Pablo VI en su Exhortación Apostólica *Evangelii Nuntiandi,* después del Concilio Vaticano II, da varias explicaciones sobre cómo debiera hacerse la transmisión de la fe. Y al final agrega lo siguiente:

> *En efecto, ¿hay otra forma de comunicar el Evangelio*
> *que no sea la de transmitir a otro la propia experiencia*
> *de la fe…?*[22]

En la óptica del P. Kentenich, esto es central. ¿Hay otra forma de transmitir la fe que no sea transmitir la experiencia que nosotros tenemos de la fe? ¿Cómo vivimos la fe? ¿Cómo lograr que las personas se abran a la Buena Nueva del amor del Padre Dios?

Esta realidad exige un cambio en la transmisión de la fe y de la moral. Ello hace necesario que la transmisión de la fe "pase por el corazón". El hombre actual necesita contar con la experiencia de que alguien nos ama desinteresadamente, de alguien que genere confianza en nosotros.

Esto, que es una necesidad inherente a nuestra existencia, por la carencia de amor que existe actualmente, es más importante que nunca. La persona necesita sentirse amada, necesita recibir y dar amor; por eso abre su corazón al educador que le entrega su corazón.

Cuando nos acercamos a educadores o evangelizadores y esas personas toman contacto con nosotros, tendríamos que sentir, palpar que Dios está detrás, al lado, dentro de ellos; que lo que nos transmiten es una vivencia, una vida. Y si esas personas nos han acogido, si se ha establecido una relación, un vínculo personal con nosotros, les creeremos lo que nos digan,

---

22 Pablo VI, *Exhortación Apostólica Evangelii Nuntiandi.*

creeremos en su Dios, sobre todo si dan un testimonio verdadero y coherente.

La transmisión de la fe supone una visión de la fe distinta a la que existía antes. Ya citamos lo que el Papa Benedicto XVI dice al inicio, en su Encíclica *Deus Caritas est* [23], que la fe no es una doctrina, no es una moral, sino que es un acontecimiento; es algo que sucede; es un encuentro con una persona.

Por lo tanto, en la transmisión de esa fe, lo que necesariamente tiene que mediar es la experiencia de fe que tiene el evangelizador: que viva su fe, su creencia en Dios. No basta que él "explique" el amor de Dios, por muy claramente que lo haga.

Lo que plantea el P. Kentenich no es nada evidente ni fácil. Exige mucho al transmisor, al evangelizador, de la fe. Este tiene que bajar del "púlpito", bajar de su cátedra. Como dice el Papa Francisco, este "tiene que tener olor a oveja".

Cuando queremos encontrarnos con Dios, con Cristo, con la redención, buscamos hacerlo a través de María, tal como lo hemos explicado anteriormente. Esa relación personal es decisiva. Si nos sumergimos en su corazón, en ese corazón encontraremos la plenitud del mundo sobrenatural. Un proceso análogo es el

---

23 Cf, *Papa Benedicto XVI, Encíclica Deus Caritas est, 2005, Introducción n.1,*

que debe darse en la relación con aquella persona que busca comunicarnos las verdades de la fe.

El P. Kentenich estaba convencido de que el "amor orgánico" haría posible el florecimiento de una fe viva. En su visión pedagógica, esto es central.

¿Hay otra forma de transmitir la fe que no sea transmitir la experiencia que nosotros tenemos de la fe? ¿Cómo vivimos la fe? ¿Cómo lograr que las personas se abran a la Buena Nueva del amor del Padre Dios?

Si queremos "ganar" hoy a las personas, solo lo lograremos dando nuestro corazón; ellos experimentarán en nosotros el mundo de la fe, el cual, poco a poco, se les clarificará puesto que se trata de un proceso.

Ahora bien, considerando lo que ha sucedido en muchos países, esto aparece hoy, especialmente en círculos eclesiales, como algo peligroso y no aconsejado. Esto porque se han constatado numerosos abusos de educadores que manipulan las conciencias e incluso que abusan sexualmente.

Destacamos, en forma especial, lo que significa para el P. Kentenich el amor orgánico, que asume e integra el afecto y las fuerzas que surgen de los instintos.

Ciertamente, como todas nuestras facultades, nuestros instintos están heridos por el pecado original. Por lo tanto, se requiere tomar resguardos para que se desarrollen positivamente y no nos lleven por caminos que no corresponden a un hijo de Dios

Cuando nuestro padre habla de corazón o afecto (en alemán usa el término *"Gemüt"*, difícil de traducir), se está refiriendo no a otra facultad de la persona, sino a la concordancia que se da entre el amor espiritual y el amor sensible e instintivo.

Los ángeles conocen solo un amor espiritual y sobrenatural, pero no experimentan el mundo del cariño, del calor, de las caricias, como sucede con el hombre.

En el mundo animal existen instintos que hacen, por ejemplo, que un perro pueda demostrarnos su cercanía, su "cariño", su alegría de vernos y su tristeza cuando no estamos. Pero todos esos sentimientos carecen de la lucidez que da la razón y del compromiso y fuerza que confiere nuestra voluntad.

Amar de corazón permite también que, en el matrimonio, el amor sexual no sea simplemente un amor instintivo, sino que sea verdaderamente humano, donde la caricia está animada por un amor integral, espiritual, sobrenatural e instintivo.

Cuando el modo de amar es mecanicista o inorgánico, entonces se puede dar una sexualidad, como muchas veces sucede, dominada simplemente por el impulso sensible, sensual y sexual. Como la sexualidad genera un placer, muchas personas buscan ese placer sin que promedie un amor: simplemente quieren gozar.

El amor sensible, las caricias, son entonces utilizadas para despertar el instinto sexual, careciendo de las otras dimensiones como muestras de amor, de un amor personal animado también por el amor sobrenatural.

Es preciso distinguir. Se dan caricias, sin embargo, que nada tienen que ver con el instinto sexual. Por ejemplo, cuando una madre o un padre acaricia a su bebé; cuando damos un abrazo a un amigo, etc. Pero se dan ciertamente caricias, promediando la atracción entre hombre y mujer, que pueden despertar el instinto y pasar de un amor sensible y afectivo a una atracción sexual.

También se da el caso de personas en quienes el amor sobrenatural y volitivo no se expresa sensible ni sexualmente, incluso dentro del matrimonio. Esto también sucede en el campo de la sexualidad. A menudo ello puede ser producto, consciente o inconsciente, de identificar todo lo sensible y lo sexual como algo peligroso o pecaminoso. Aunque este caso hoy es poco recurrente.

Antes y ahora, es un hecho que existen peligros graves en torno a la vida afectiva e instintiva que requieren que las personas, y especialmente los educadores, lo tengan presente y tomen los resguardos adecuados. Santo Tomás de Aquino tiene, en este sentido, una expresión sugerente. Dice: *"Es cierto que es peligroso cabalgar, pero no por ello vamos a dejar de hacerlo"*. Es necesario precaverse de los riesgos que entraña la vida afectiva, pues si no se los tiene presentes, se puede transitar caminos no aconsejables.

Cruzar la calle donde hay tráfico es peligroso; por eso, para evitar un accidente, debo pasar por el lugar indicado. Es cierto que es posible que haya accidentes en las carreteras, pero no por ello debemos dejar de transitar por ellas; sin embargo, es necesario atenerse a las reglas destinadas a evitar los accidentes como, por ejemplo, no adelantar un auto sin cerciorarnos de que no viene otro por la pista contraria.

Es cierto que es peligroso poner en juego el corazón y el afecto; por eso, al hacerlo, debemos estar conscientes de que hay normas para precaver los desvíos y pecados que pueden ocurrir. De hecho, no hay ninguna espiritualidad que no corra peligros, porque todos llevamos las heridas del pecado original y las consecuencias de los pecados personales.

En este contexto, podemos visualizar con mayor claridad la riqueza y los peligros que existen cuando hablamos de un amor afectivo, de corazón.

No tocaremos aquí la atracción sexual de personas homosexuales o lesbianas, no porque no sea un tema importante de tratar, sino porque desborda los límites de espacio de este texto.

La atracción sexual existe siempre en la persona, sea o no casada. En las personas que no han contraído matrimonio, no debiera darse la actividad propiamente sexual, sino solo cuando hayan contraído matrimonio. Ahora bien, de acuerdo a la realidad actual, esto poco se da.

Por otra parte, los que han elegido el camino de la entrega virginal a Dios "por el reino de los cielos", están llamados, según su compromiso con Dios, a evitar la práctica de caricias y de acciones conducentes al ejercicio de su sexualidad.

Las personas casadas, por cierto, no están exentas de la tentación de establecer, con otras personas, relaciones reñidas con su compromiso de fidelidad a su cónyuge. Antes y hoy ha existido y existe mucho adulterio e infidelidad matrimonial.

Todo esto, sin embargo, no está reñido con el hecho de que todos, solteros, consagrados y matrimonios, cultivemos con todas las personas, especialmente las más cercanas, un cálido vínculo cargado de afecto.

Los educadores, los cónyuges y evangelizadores de la fe, debieran amar a los suyos de corazón, pero es preciso que se tomen las debidas precauciones, a fin de que nuestro instinto, herido por el pecado original y personal, no se desvíe de su recto cauce.

Mencionaremos algunos de estos resguardos que revisten especial importancia.

b. En particular

1) La "regula tactus"

El P. Kentenich asume una expresión tradicional que habla de *la "regula tactus"*, es decir, de la norma respecto al tocamiento o expresión sensible del amor.

Esto tiene una aplicación análoga para todas las personas: solteras, casadas o consagradas. Se trata de evitar que la expresión sensible de cariño, especialmente de los no casados o consagrados, más allá del afecto vaya cargada de impulsos del instinto sexual.

Toda persona debe estar atenta a que su afecto se exprese sensiblemente como corresponde a su estado. Es decir, que se atenga a lo normal: darse la mano o un abrazo, cuando se saludan, de acuerdo a los usos de la sociedad en la cual se vive. Por cierto, esto es diverso de cultura en cultura.

Se trata de tener la posición firme de no demostrar el afecto sensible a través de caricias a personas de quienes, eventualmente, se haya enamorado o que, simplemente, "le caen bien", porque puede llevar a los esposos a ser infieles y, muchas veces, a la destrucción de su matrimonio o a llevar una doble vida. A los consagrados, a apartarse de su compromiso de virginidad. Y a los solteros, muchas veces a practicar una sexualidad carente de compromiso y, posteriormente, a la práctica de una sexualidad simplemente placentera.

Esto requiere que cada persona tenga la fortaleza y firmeza de carácter para mantener su compromiso y si, eventualmente, se desvía, sea capaz de volver a lo que corresponde.

En todo caso, debe tenerse presente que existe una cadencia natural: el afecto se quiere traducir en caricias, la caricia puede despertar lo sensual y, de ahí, hay un paso a lo sexual. Esta cadencia, en un momento, es prácticamente imposible dominarla y echar pie atrás.

De ahí la necesidad, de que las personas solteras, los consagrados; y los casados, apliquemos *la "regula tactus"*, cada uno de acuerdo a su condición.

2) Educación a la disciplina y capacidad de renuncia

Para atenerse a los resguardos nombrados anteriormente, es preciso que las personas hayan sido educadas cultivando la disciplina, el orden y la disposición a renunciar a los impulsos meramente instintivos.

Si las personas son volubles, si no están acostumbradas a atenerse a reglas y simplemente dan así curso a sus impulsos instintivos, cuando llegue el momento, no sabrán atenerse a lo que se han comprometido. Y, como se dijo anteriormente, se olvidarán de la *regula tactus*.

Estas personas no serán capaces de encauzar sus instintos, de volver al camino correcto, si en algún momento se han desviado de él, ni de renunciar cuando deban hacerlo. Todo esto porque están habituadas a guiarse por las ganas, por lo que les sale más fácil y agradable.

Vivir la *"regula tactus"* requiere autodominio. Más todavía, cuando pensamos en el ambiente "hiper sexualizado" que reina hoy en nuestra cultura.

Consideremos los medios de comunicación y las redes sociales que permiten ver todo lo que se nos ocurra. Pensemos también que, actualmente, ya casi no existe el recato o pudor, sino que abunda la provocación.

Preguntémonos ¿cuánto educamos y nos auto educamos para la renuncia y el dominio de nosotros mismos?

3) Tener un norte claro

Otro de los factores que resguardan una afectividad ordenada, es haber sido educado, y él mismo autoformado, para ejercer una voluntad iluminada por la razón y la fe. Es decir, ser una persona verdaderamente libre, que ha aprendido lo que significa comprometerse, decidirse por algo y realizar lo que ha decidido. Se requiere ser personas de carácter.

Esto hoy día es especialmente importante porque estamos viviendo en una sociedad en que las personas son manejadas por las circunstancias, por lo que todos dicen y hacen, por lo que dictaminan los medios de comunicación, las redes sociales. Estas personas no tendrán la capacidad de mantener su compromiso cuando resulte difícil hacerlo. Son caracteres débiles, incapaces, muchas veces, de comprometerse lúcidamente y de mantener su compromiso, pase lo que pase.

Tener una vida afectiva ordenada supone que la persona como tal posee un norte, sabe para dónde va y qué es lo que quiere.

Si esto no está claro, entonces todo es posible que le ocurra. Por ejemplo, cuando se presentan situaciones que ponen en peligro el matrimonio. Si una persona no tiene claro que hay una familia, hijos y una esposa o esposo con quien se ha comprometido, si no posee una lucidez y compromiso serio, esa persona, en definitiva, estará abierta a lo que se le presente. Ellos deben también considerar las consecuencias negativas que se siguen de no ser fieles al compromiso que han contraído libremente. Ello acarreará consigo consecuencias nefastas para su cónyuge y sus hijos.

De este modo, si existe alguien que despierta nuestro interés más allá de una simple amistad, estamos llamados a poner fin a la relación o a las muestras de afecto. De otra forma, en algún momento, podremos enamorarnos de esa persona que no es nuestro cónyuge y, entonces, nos iremos por otro camino.

Algo semejante sucede a las personas de vida consagrada. Para que la afectividad no lo lleve por otros rumbos, tiene que tener muy claro, y siempre presente, que se decidió por un ideal y que prometió a Dios guardar una vida célibe, a fin de poder entregarse por entero a él y a las tareas pastorales que tiene.

Entonces, si se produce una situación que lo pone en peligro de caer, tendrá que saber dominarse y reafirmar aquello que ha querido hacer por vocación y llamado de Dios.

4) No guardar para sí mismo el amor que se recibe

Otro aspecto en el cual nuestro padre insiste es que, si como educadores, aplicamos la pedagogía de vinculaciones y, por lo tanto, ponemos en juego nuestro corazón, necesitamos tener claro que, normalmente, vamos a recibir una respuesta de cariño y de aprecio.

Si recibimos afecto, ese afecto debemos transferirlo a Dios, quien, en definitiva, es el destinatario de esa entrega.

La tentación consiste, sobre todo en personas inseguras o bien en personas dominadas por un instinto de valer inmaduro o desordenado, en que, al sentirse valoradas y personas "importantes", acaparen para sí mismas ese amor que se les profesa, porque ello les da seguridad y aumenta su autoestima. Entonces, el amor que ellas entregan es, por así decirlo, "acaparado" por el educador, pasando a ser ellas el centro al cual se le rinde pleitesía. Es así como se cae en el abuso de poder y el educador manipula el afecto y la docilidad de quienes les entregan su corazón.

El educador olvida que no es él la persona importante sino las personas que tiene a su cargo y que, como educador, está al servicio de ellas, para acogerlas y ayudarlas, pero no para manipularlas.

No es raro que, cuando esto se produce, como siempre está presente el instinto sexual, el educador se aproveche del "poder" que tiene, y con ello caiga en un abuso de orden sexual. Esto se dará especialmente cuando las personas, muchas veces adolescentes o jóvenes, vienen a él buscando un amor y cobijamiento que no les han sabido dar sus propios padres. Son así extremadamente vulnerables, cayendo con facilidad en manos de abusadores

Dios encarga, a los educadores y a la autoridad, tareas que ellos deben ejercer en dependencia suya. Si lo hacen así, serán verdaderos "reflejos" o "transparentes" de Dios. Si ellos tienen presente que el amor que reciben pertenece en definitiva a Dios, procederán de acuerdo con ello, retornándolo a él como su fuente.

5) Generar comunidad

Otro de los resguardos y encauzamiento positivo de nuestra afectividad, consiste en que el educador busque que se genere, entre aquellos a quienes sirve, una auténtica "comunidad de corazones".

Desde el mismo inicio de su actividad como educador, el P. Kentenich se preocupó de que surgieran comunidades. Pensemos primeramente en la creación de la Congregación Mariana y después en lo que surgió en Schoenstatt.

El P. Kentenich estaba convencido de que el "amor orgánico", suponiendo la práctica de estos resguardos, haría posible el florecimiento de una fe viva en nuestra Iglesia.

Demás está decir que nuestra naturaleza herida necesita de la gracia para sanar. Por eso, se requiere, al mismo tiempo que estos resguardos estén sostenidos por una vida de oración. El Espíritu Santo es definitivamente quien nos da la fuerza interior y la capacidad para sanar y elevar nuestra naturaleza herida.

La Buena Nueva dice que somos hermanos en Cristo, que somos hijos amados de Dios Padre. La experiencia humana que hace receptivo a estas verdades es que todos experimenten el proceso de formar con otros una red de vínculos, donde cada uno y en conjunto van a vivir y a educarse en la fe.

Lo normal es que el educador promueva la creación de una comunidad en la cual todos se sientan acogidos y sientan que cada uno también debe aportar positivamente a esa comunidad.

En otras palabras, que somos un solo cuerpo en Cristo, donde nadie está de sobra y todos tienen algo que dar y recibir. Un solo cuerpo en el cual somos amados y podemos dar amor.

El ser humano es imagen de un Dios que es amor recíproco, por eso si carecemos de la experiencia de ser amados y de poder dar amor, nos enfermaremos y seremos aptos para caer en todo tipo de desviaciones que buscan suplir esta carencia de amor a través de comportamientos impropios, que generarán más y más derrumbes.

Desgraciadamente, esto hoy constituye una herida profunda de nuestra sociedad. La destrucción de la familia, la carencia de hogar y falta de cobijamiento, abren la puerta a todo tipo de enfermedades sicológicas y acciones que terminan destruyendo a las personas.

Si sólo condenamos los desvíos y hechos deleznables que se han dado, adoptando todo tipo de medidas al respecto, pero no buscamos, al mismo tiempo, sanar lo que origina los desvíos y los abusos, entonces estos se seguirán repitiendo de una u otra forma, a pesar de las condenas.

6) Educadores educados

Como los educadores, padres, sacerdotes o profesores, son hijos de nuestro tiempo, los educadores tendrán que cuidar que ellos superen los problemas que a menudo sufren. De otra forma, en lugar de educar ellos generarán más y más derrumbes. Como dice nuestro padre, necesitamos "educadores educados". Esto vale muy especialmente en el ámbito de la afectividad y recto encauzamiento de nuestros instintos.

Nos hemos detenido en la afectividad, pero en este contexto habría que agregar la necesidad de cultivar, en todos aquellos que tienen alguna responsabilidad especial de conducción, todo lo que se refiere a la concepción y ejercicio de la autoridad.

Anteriormente profundizamos este importante tema. Creemos que es tarea de los educadores responsables quienes, en el futuro, ejercerán un cargo de conducción, que se preocupen de realizar con estos un proceso educativo que asegure que ellos estén capacitados en el futuro para realizar correctamente la tarea que se les encargará.

El instinto de valer y de poder lo requieren, ya que también estos están heridos por el pecado original y no pocas veces por las experiencias negativas de autoridad que han sufrido.

No basta con que se tenga claridad al respecto, ya que la teoría se puede explicar muy bien, sino que debe promediar una educación y recto encauzamiento respecto al instinto de valer y de poder.

4. UN MODO DE VIVIR ORGÁNICO

4.1. Personas coherentes

El pensar, amar y vivir orgánicos se condicionan mutuamente: cada una de estas dimensiones retroalimenta a las otras. El vivir orgánico completa la tríada que propone nuestro padre fundador como meta a lograr.

Si el pensar y el amar están sanos, se comprende que *también el modo de vivir del hombre está articulado:* su vida no es una vida "parcelada". Al contrario, él es capaz de unir "idea y vida" o "fe y vida" en forma armónica.

En cambio, en el hombre mecanicista se produce una profunda discontinuidad. Su estilo de vida no es coherente, de tal modo que, en la oficina y en los negocios, es un tipo de hombre; en su casa, es otro tipo de hombre.

El pensar, amar y vivir orgánicos adquieren toda su dimensión cuando se reflejan en nuestra vida diaria. Si hablamos, por ejemplo, que amamos a Dios y esto no se traduce en una vida cristiana coherente, se da una inconsistencia de nuestra fe, según dice el apóstol: una fe sin obras no es una verdadera fe.

> *¿De qué sirve, hermanos míos, que alguien diga: 'Tengo fe', si no tiene obras? ¿Acaso podrá salvarle la fe? (Stg 2, 14)* [24]

---

24 Ver también: Stg 2, 18 y 20; 1Jn 5,4.

Si decimos que amamos a alguien y ese amor se traduce en el respeto y en el servicio a esa persona, ciertamente ese amor es pleno y verdadero. Por las obras demostramos el amor que profesamos a alguien.

Cuando, anteriormente, nos referimos al amor orgánico, nos detuvimos especialmente en el amor a las personas, en el plano humano y en el plano sobrenatural. Y el amor orgánico abarca también el amor a la naturaleza, al terruño, a los animales que habitan esta tierra. Todo ello nos habla de Dios, del Dios creador, que ha puesto su sello en todas sus creaturas.

Nuestro amor, por lo tanto, abarca también la expresión de amor a las cosas, a la naturaleza, a los animales y a las aves, a todos los seres vivientes.

Un vivir orgánico comprende también esta dimensión. Estamos llamados a cuidar nuestro hábitat, a tratar bien a los animales, a no dañar nuestro medio ambiente. Cuidar la ecología, preocuparnos de esta tierra que habitamos, pertenece a un vivir orgánico, que es sano y que sana.

Nuestro organismo de vinculaciones, como lo entiende el P. Kentenich, abarca, por esto, cielo y tierra, la relación armónica con las personas del más allá y del más acá, de la naturaleza animada e inanimada.

Es esto lo que visualiza el P. Kentenich cuando habla del vivir orgánico.

4.2. Separación de fe y vida

El Concilio Vaticano II pone el dedo en la llaga cuando dice en la *Constitución sobre la Iglesia y mundo*:

> *El divorcio entre la fe y la vida diaria de muchos debe ser considerado como uno de los más graves errores de nuestra época (...) no hay que crear, por consiguiente, oposiciones artificiales entre las ocupaciones profesionales y sociales, por una parte, y la vida religiosa, por otra... Siguiendo el ejemplo de Cristo, quien ejerció como artesano, alégrense los cristianos de poder ejercer todas sus actividades temporales haciendo una síntesis vital del esfuerzo humano, familiar, profesional, científico o técnico, con los valores religiosos, bajo cuya altísima jerarquía todo coopera a la gloria de Dios". (GS, iv,n.43).*

Pablo VI, en su memorable *Exhortación Apostólica Evangelii Nuntiandi* reitera el mismo diagnóstico:

> *La ruptura entre Evangelio y cultura es sin duda alguna el drama de nuestro tiempo" (EN n.20).*

Pablo VI insiste en la necesidad de que el Evangelio penetre toda nuestra vida concreta y, junto con la conversión interior de la persona,

> *convierta al mismo tiempo la conciencia personal y colectiva de los hombres, la actividad en la que ellos están comprometidos, su vida y ambiente concreto. (n.18)*

La fuerza del Evangelio debe transformar

> *los criterios de juicio, los valores determinantes, los puntos de interés, las líneas de pensamiento, las fuentes inspiradoras y los modelos de vida de la humanidad, que están en contraste con la palabra de Dios y con el designio de salvación. (En n.19-20)*

Esto es exactamente lo que pretende la vida según la fe práctica en la divina Providencia.

Si observamos la realidad y la analizamos, esta separación se nos hace muy real y concreta. Muchas veces somos muy piadosos, también piadosos como schoenstatianos, pero, por ejemplo, nuestra vida en el trabajo no es expresión del amor a Dios y a nuestros hermanos, sino una búsqueda de ganancias egoístas, un afán de lucro en provecho propio.

También pensemos, por ejemplo, lo común que es ver cómo la autoridad se ejerce de diversa forma al interior de la familia y de la empresa. Más aún, que esa autoridad no es ejercida como lo enseña y hace el Señor.

Observemos, para mencionar otro campo, donde reina la dicotomía en el hombre actual, que vive "pegado" al celular y al computador y cómo, a menudo, es incapaz de ver a las personas que tiene a su lado.

Nuestro padre hablaba, en su tiempo, del "hombre film", que pasa de una cosa a otra y que no sabe detenerse ni profundizar, sino que se mantiene siempre en la superficialidad: es una persona individualista o masificada. Podríamos describir, también, este tipo de hombre como el *"hombre veleta"* que se mueve según sopla el viento; según lo que le dictan sus instintos desordenados.

No se puede decir que alguien es cristiano si destruye la naturaleza, la armonía con la cual Dios la creó. Quizás confiesa una creencia en Dios, pero no es consecuente en el respeto que se debe a las criaturas; afirma, tal vez teóricamente, una moral, pero no la aplica en su vida.

Las calamidades que ha generado el no cuidar nuestro hábitat, es una imagen de lo que genera la destrucción del organismo de vinculaciones.

4.3. Un testimonio convincente

Las incoherencias de nuestra vida conllevan a que nuestro testimonio no sea convincente.

Es interesante recordar nuevamente, en este contexto, al Papa Paulo VI en su *Exhortación Apostólica Evangelii Nuntiandi*:

> *La Buena Nueva debe ser proclamada, en primer lugar, mediante el testimonio. Supongamos un cristiano o un grupo de cristianos que, dentro de la comunidad humana donde viven, manifiestan su capacidad de comprensión y de aceptación, su comunión de vida y de destino con los demás, su solidaridad en los esfuer-*

zos de todos en cuanto existe de noble y bueno. Supongamos, además, que irradian, de manera sencilla y espontánea, su fe en los valores que van más allá de los valores corrientes, y su esperanza en algo que no se ve ni osarían soñar. A través de este testimonio sin palabras, estos cristianos hacen plantearse, a quienes contemplan su vida, interrogantes irresistibles: ¿Por qué son así? ¿Por qué viven de esa manera? ¿Qué es o quién es el que los inspira? ¿Por qué están con nosotros? Pues bien, este testimonio constituye ya de por sí una proclamación silenciosa, pero también muy clara y eficaz, de la Buena Nueva".[25]

Reconocemos y decimos que siempre ha existido la inconsecuencia, porque el pecado existe desde Adán y Eva y no es novedad que fallemos, que seamos débiles. Pero una cosa es fallar, reconocer y pedir perdón, y tratar de enmendar esta falta, y otra es decir que no hay ningún problema, que nuestras faltas no tienen mayores consecuencias. De hecho, esta incoherencia coexiste pacíficamente con la fe. Y eso no puede ser.

Hoy día el problema es mucho más grave: hay una separación mucho más radical entre fe y vida, y nosotros tenemos que entregar a la Iglesia, por María y en alianza con ella, otra forma de vivir la fe.

---

25 Papa Pablo VI, Exhortación Apostólica *Evangelii Nuntiandi, 1975*, n. 21.

4.4. Crear nuevas costumbres

Pensemos en lo que significan para nosotros las formas de vida, las costumbres, nuestro estilo de vida. Si nosotros, por ejemplo, queremos cambiar la cultura de la sexualidad o del trabajo, pero no la hemos vivido en la familia, en costumbres concretas, será muy difícil hacerlo más tarde y más allá.

Detengámonos, para ilustrar esto, en la forma de ejercer la autoridad. A veces, en la familia, se practica una forma de autoridad incompatible con nuestra fe, con lo que el Señor nos enseñó. Esta incongruencia que se da en el hogar, se proyectará después en el mundo laboral, en el mundo político, en el mundo de los negocios, en todos los ámbitos. Son múltiples los abusos en el ejercicio de la autoridad.

A propósito de estos abusos de poder, el Papa Francisco hace un llamado a acabar con la "cultura del abuso". Esto es justamente lo que nos preocupa. Cambiar la cultura significa cambiar las costumbres y esta es una tarea no de uno o dos años, sino que de decenios o más años.

El cambio de la cultura requiere que los valores plasmen formas de vida de modo que, practicándolas, esos valores se conserven y se mantengan. Si las formas dejan de cultivarse manteniendo vivo su espíritu, surgirán otras costumbres que generan antivalores. Por eso, llevar a cabo lo que plantea el Papa Francisco implica una inmensa tarea.

Generar una cultura que acabe con el abuso de poder, requiere que se cultiven sanas costumbres especialmente en el hogar y en los establecimientos escolares. Y esto sucede cuando se han cultivado formas respetuosas en la convivencia, por ejemplo, y muy especialmente, costumbres que reflejen una actitud de respeto, de la consideración, del cuidado por no herir a los demás; donde sea habitual el servicio y preocupación por los otros. Entonces, será más fácil acabar con este abuso en la Iglesia y en la sociedad.

De otra forma, si nos contentamos con aplicar normas y castigos, no sanaremos el mal de fondo.

En cambio, si hemos cultivado el vivir orgánico en nuestro hogar, esa manera de vivir, esas costumbres, esos hábitos que se adquirieron en el hogar y en los establecimientos educacionales, seguirán actuando en el futuro, cuando nosotros y nuestros hijos, ya adultos, actuemos en medio de la sociedad con determinadas responsabilidades.

Se trata, por lo tanto, de educar de modo muy especial, creando en el hogar o en los establecimientos educacionales, un ambiente, donde se aprendan y se asuman, "por osmosis", los valores que buscamos transmitir.

Por cierto, la Iglesia, como comunidad, es otro de los lugares donde debiera cultivarse una recta cultura del ejercicio de la autoridad. De allí la importancia de acabar con costumbres autoritarias y retomar siempre de nuevo el ejemplo y la enseñanza del Señor. Esto también requiere revisar muy a fondo el modo de educar a los futuros sacerdotes.

4.5. Necesidad de la autocrítica

Alguien que "es vivido" por las circunstancias, que no conoce el autodominio ni la autocrítica, difícilmente podrá llegar a poseer la coherencia de una vida orgánica.

Si pasamos de una cosa a otra, de una actividad a otra actividad; tenemos el control de la televisión en las manos y vamos cambiando de canal a canal, y luego agotados, vemos los Whatsapp que nos han enviado y el día siguiente no será muy distinto al anterior, terminaremos siendo vividos por las circunstancias.

Si nos dejamos llevar por lo que "nos da la gana", evidentemente aquello que pensamos que debiéramos hacer, llegado el momento, no lo hacemos. Recordemos, en este sentido, lo que dice san Pablo:

> *Realmente, mi proceder no lo comprendo; pues no hago lo que quiero, sino que hago lo que aborrezco (...) No hago el bien que quiero, sino que obro el mal que no quiero. (Rom 7,15 y 19)*

La lucha contra las incoherencias entre lo que quisiéramos hacer y lo que hacemos o no hacemos, requiere que seamos autocríticos y traduzcamos en hechos lo que pensamos que debiéramos hacer.

No solo nuestros instintos están heridos por el pecado original y por nuestros propios pecados personales, sino que también lo están nuestra inteligencia y nuestra voluntad.

Por eso, como se dijo anteriormente, más allá de lo que nosotros debemos hacer, es necesario que el poder del Espíritu Santo actúe en nosotros, regalándonos su gracia y sus dones y con ello las fuerzas necesarias para ser coherentes y para levantarnos cuando hemos caído.

VIII. LA CONFEDERACIÓN APOSTÓLICA UNIVERSAL

(Transcribirnos aquí el texto de una conferencia del P. Humberto Anwandter sobre la CAU, que fue publicada en el libro "El P. Kentenich y san Vicente Pallotti", por Editorial Nueva Patris.)

Al concluir estas reflexiones sobre el carisma del P. José Kentenich, no podemos dejar de mencionar el carisma de Vicente Pallotti, que nuestro padre asumió desde el inicio de Schoenstatt, en 1916.

Como lo expresó estando en Milwaukee, en ese momento no era posible entender la realización de esa meta, de esa "obra mamut" como él la llamó. Por eso él quiso realizar primero en Schoenstatt un caso preclaro de coordinación apostólica.

Deberíamos dedicarnos a realizar la primera ala de la Confederación Apostólica Universal (CAU), a fin de que posteriormente Schoenstatt asumiera eficazmente esa tarea.

Nuestra Familia ya está fundada y existe en muchos países. Se han cumplido ya 100 añós desde su fundación. Podemos preguntarnos si estamos realizando lo que nuestro padre visualizó.

Ciertamente que aún tenemos pendiente esforzarnos por ser cada vez más un ejemplo de coordinación apostólica y alma de la coordinación de las fuerzas apostólicas en la Iglesia. Si así lo hacemos, entonces también el "sueño" de san Vicente Pallotti -que el P. Kentenich hizo propio- se hará realidad.

1. El origen de la idea de la Confederación Apostólica Universal

El P. Kentenich ingresó al noviciado de la *Sociedad del Apostolado Católico* (denominada en esa época *Pía Sociedad de Misiones"*), en 1904 y fue ordenado sacerdote en ella en 1910. Los padres palotinos eran conocidos en Alemania como una comunidad misionera. El joven José Kentenich no había elegido esa comunidad porque le interesaran especialmente las misiones. El había pensado entrar en un seminario diocesano, pero, debido a su situación familiar, en aquella época le estaba vedado. A través del párroco Savels, confesor de su mamá, tomó contacto con la comunidad palotina. Los padres palotinos tenían misiones en Camerún, África. La divina Providencia lo llevó a que, después de la ordenación sacerdotal, por motivos de salud, no pudiese ser enviado a Camerún. Así debió asumir tareas de docencia y, posteriormente, como director espiritual en el seminario menor de la comunidad. Fruto de su labor apostólica es el nacimiento, primero, de la Congregación Mariana en el Seminario Menor de Schoenstatt, Vallendar, (Abril de 1914), que luego llegó a ser el origen del Movimiento apostólico de Schoenstatt (18 de octubre de 1914), fundado oficialmente en Hörde (20 de agosto de 1919).

Hasta ese momento, el año 1914, el P. Kentenich no habla de nada especial respecto a Pallotti, sino que se refiere a él como "el venerable fundador" y lo cita como ejemplo por dos cosas: por su piedad mariana y como alguien que se santificó siguiendo los consejos de su director espiritual.

Posteriormente, a fines de 1915, el Padre Gissler, general de los palotinos, visitó Schoenstatt. Los profesores del Seminario Menor acusan al P. Kentenich de estar haciendo algo revolucionario, que no concuerda con el espíritu palotino. Critican que el grupo de los congregantes se ha ido desarrollando con excesiva autonomía y que, además, se llama Congregación Mariana. El Padre General, al hablar con el P. Kentenich, estando en la estación de Ehrenbreitstein, le dice que, como superior general, no se puede responsabilizar frente a Pallotti de lo que él está haciendo. El P. Kentenich espontáneamente responde: Yo puedo responsabilizarme ante Pallotti. Pero, en ese momento, llega el tren que debe tomar el padre general.

Para el P. Kentenich esto fue el detonante. Posteriormente dirá: Yo le respondí de inmediato así al padre general, que podía responder ante Pallotti de lo que estaba haciendo; primero porque Pallotti es católico y nosotros también lo somos y no podemos estar en contradicción con él. Segundo, porque Pallotti es mariano, y también lo somos nosotros. En tercer lugar, porque Pallotti acentuaba el amor y también nosotros. Por último, porque, según la pedagogía de amor, Pallotti no quería para la Sociedad sino un mínimo posible de vínculos obligatorios y así también nosotros. Por lo tanto, no solamente no estamos en contradicción con él, sino que existe una convergencia entre él y nosotros.

Ahora bien, ¿qué sabía el P. Kentenich sobre Pallotti durante ese tiempo de fundación de Schoenstatt? Que Vicente Pallotti era el fundador de los palotinos y que, en ese entonces, estaba en proceso de beatificación. Las virtudes de Pallotti fueron reconocidas como heroicas recién en el año 1931. El P. Kentenich nunca había estado en Roma; nunca había visitado la tumba de Pallotti, que se encuentra en la iglesia de san Salvatore in Onda, junto al rio Tíber, y que pocos conocen y ubican.

La importancia de la tumba de Pallotti recién aparece con su beatificación en 1950, cuando se le traslada, del costado de la iglesia donde estaba sepultado, al altar mayor y se expone en una urna de cristal. Lo único disponible que existía sobre Pallotti, en tiempos del inicio de Schoenstatt, eran unos pocos textos. El Postulador de la causa de beatificación había hecho selecciones de citas de Pallotti. También existía la *"Breve historia de la Pía Sociedad de Misiones"*, del P. Johannes Hettenkoffer.

Pero, ¿qué quería propiamente Pallotti? El P. Kentenich menciona la *Breve historia de la Pia Sociedad de Misiones*. En ese período, desde diciembre de 1915, cuando ocurrió ese encuentro del P. Kentenich con el superior general, hasta la primera expresión escrita que tenemos del P. Kentenich sobre la obra de Pallotti, que es una carta suya, de mayo de 1916, dirigida al Prefecto Fischer, él va reflexionando. Llega a la convicción de que lo más original de Pallotti no es solamente el apostolado de los laicos, por lo cual el Papa Pío XI lo destacó como Precursor de la Acción Católica, sino la idea de la coordinación o unión de las obras apostólicas en la Iglesia.

El P. Kentenich expresó que lo que él había asumido de Pallotti había sido esta intuición de un organismo que coordinase las obras y comunidades apostólicas de la Iglesia. Es decir, la idea de coordinar todas las obras y no solamente la tarea de formar apóstoles laicos que, en virtud del bautismo y de la confirmación, están llamados a ser apóstoles, sino la idea de coordinar el apostolado laical, bajo la dependencia de la Iglesia.

2. La idea del "Apostolado Católico" en Pallotti

El P. Kentenich había conocido el escrito del P. Johannes Hettenkoffer, titulado *Breve Historia de la Pía Sociedad de Misiones* (PSM). No se usaba ya el nombre que Pallotti había dado a la sociedad ("Sociedad del Apostolado Católico", SAC), pues, después de la muerte de su fundador, por disposición romana, los palotinos habían tenido que cambiar obligadamente ese nombre.

Pallotti concibió la idea de movilizar y congregar las diversas comunidades y personas en una unión que él denominó el *"Apostolado Católico"*.

En cuanto a la organización del Apostolado Católico, Pallotti se inspiró en la obra de la mística española, María de Agreda, titulada *"La Ciudad de Dios"*. Ésta, en sus visiones, vio que los apóstoles se reunían en el Cenáculo junto a María y que eran enviados a doce lugares distintos de la tierra para hacer su apostolado.

A la luz de esta imagen, Vicente Pallotti ideó simbólicamente el *Apostolado Católico*. Lo dividió organizativamente en doce *"procuras"*, que serían doce regiones del mundo. Cada una de estas regiones o *"procuras"*, estaría bajo el patronato de uno de los doce apóstoles. Pallotti pensó organizar el *Apostolado Católico* en cada procura y en cada lugar. Diseñó y trató de llevar a la práctica concretamente la procura romana. Consideró tres tipos posibles de pertenencia: primero, aquellos que aportaban oración y sacrificio; segundo, los que aportaban bienes económicos: los benefactores; y, tercero, los que aportaban acciones apostólicas concretas. Las personas se podían inscribir en uno de estos grupos.

En Roma, Vicente Pallotti logró que una gran cantidad de personas e instituciones se inscribieran en uno u otro grupo, ya fuese individualmente o como comunidades, que ofrecían oraciones y sacrificios, dinero o trabajo apostólico. Incluso hubo personalidades, como obispos y cardenales, que se inscribieron en el *Apostolado Católico*.

Posteriormente, Pallotti fundó una comunidad de sacerdotes que debía asumir la tarea de ser la parte central y motriz de esta coordinación apostólica: la *Sociedad del Apostolado Católico* (SAC).

Después de la muerte de Pallotti, desapareció el *Apostolado Católico*, permaneciendo sólo la *Sociedad del Apostolado Católico* que, como se dijo, adquirió temporalmente otra denominación (PSM).

3. Del "Apostolado Católico" a la "Confederación Apostólica Universal" (CAU)

En 1916, el P. Kentenich asumió conscientemente la idea propia de Pallotti sobre el *Apostolado Católico*. Afirmaba que él tomó de Pallotti esta idea, calificándola como una "idea mamut" o una "obra mamut o gigantesca" y, por eso, humanamente irrealizable, una utopía. Pero, si Pallotti, como santo y fundador, había concebido esta idea, él confiaba que Dios quería algo con ello y, que si él pertenecía a la Sociedad del Apostolado Católico, era por algo.

El P. Kentenich dio otro nombre al "Apostolado Católico" tal como Pallotti lo había concebido históricamente. Lo denominó *Confederación Apostólica Universal.* Por lo tanto, ésta viene a ser la nueva realización o concreción de lo que Pallotti quería.

Pero no se trataba solamente de un cambio de nombre, sino también de un cambio de estructura. El P. Kentenich dijo: Pallotti quería una determinada estructura, pero él no era un buen organizador; era un santo inspirador, pero no un organizador. Describe organizaciones simbólicas, pero poco efectivas.

Por eso el P. Kentenich propone una estructura que no está organizada de acuerdo a las clases de apostolado (oración, apoyo económico, obras sociales, etc.) sino de acuerdo a tres parámetros: lo ascético-religioso, lo comunitario y el grado de compromiso apostólico.

De acuerdo a estos grados de compromiso organizativo, que se daban según estas tres dimensiones, el P. Kentenich estructuró las comunidades desde una mayor universalidad a un mayor compromiso organizativo. Dice que, si se quiere formar apóstoles integrales, en el sentido del hombre nuevo en una nueva comunidad, no podemos organizarlos de acuerdo a las clases o tipos de apostolado, que proponía Pallotti.

Esta nueva estructura se fue dando poco a poco en Schoenstatt. Comenzó en Hoerde, con la Federación; después surgió la Liga. El Movimiento de Peregrinos comenzó recién cuando Hitler asumió el poder. El P. Kentenich, al comienzo, pensaba sólo en varones, no en comunidades femeninas. Después, con Gertrud von Bouillion, pensó en la pertenencia de mujeres a Schoenstatt. El esquema organizativo final, por lo tanto, no estaba desde el inicio. Se fué concretando a través de la historia, según la vida lo iba indicando. Cuando el P. Kentenich fallece, en 1968, se había llegado a la organización que Schoenstatt tiene actualmente: cada una de las columnas de la Obra de Schoenstatt, sacerdotal, femenina, masculina, familiar, comprende ligas apostólicas, federaciones e institutos.

4. Camino hacia la Confederación Apostólica Universal

4.1. Qué agrega la CAU a Schoenstatt

¿Qué quería Dios para el Schoenstatt que estaba naciendo? ¿Esta idea de Pallotti, agregaba algo esencial?

El P. Kentenich afirmó con claridad que Schoenstatt se había hecho responsable de la realización de la idea de Pallotti, lo cual también nos vinculaba, de modo especial, a su persona.

Desarrolló su pensamiento diciéndose: Schoenstatt nace al interior de los palotinos y el fundador tiene esta idea que nosotros, originalmente, no la teníamos; quizás, acota, con el tiempo, hubiésemos llegado a visualizar la importancia de coordinar los apostolados en la Iglesia. Pero, históricamente, él llegó a esa idea por Pallotti. Por lo tanto, dice, tenemos que ser fieles a esa historia.

El P. Kentenich se atrevió a extender la mano a esta "idea mamut" de Pallotti, primero, por responsabilidad ante él, confiando en su misión carismática; y, segundo, por la fe y la confianza en la irrupción original de gracias de la alianza de amor en el santuario de Schoenstatt.

¿Qué aporta Pallotti a Schoenstatt? El P. Kentenich afirma que agrega una nueva finalidad a Schoenstatt. La finalidad original de Schoenstatt es el hombre nuevo en la nueva comunidad que surge del santuario. Esta nueva finalidad, la *Confederación Apostolical Universal* como tal, no nace de Schoenstatt, del P. Kentenich como fundador, sino que él la asume de Pallotti.

Desde este punto de vista es que san Vicente Pallotti tiene un valor de fundador para Schoenstatt, en cuanto aporta una de las tres finalidades de Schoenstatt (hombre nuevo, rescate de la misión salvífica de Occidente y *la Confederación Apostólica Universal*). Por eso, en una oración que el P. Kentenich formulará después, en Dachau, habla de la unidad de Schoenstatt-Pallotti, diciendo:

Danos fe en Schoenstatt y en Pallotti

y que este signo de unidad nadie nos lo arrebate. (HP, 519)

Más tarde, cuando se produce la separación entre la comunidad de los padres palotinos y Schoenstatt, el P. Kentenich afirmó: nos separamos de los palotinos pero no de Pallotti; la unidad Schoenstatt-Pallotti permanece.

En esto se fundamenta la importancia que el P. Kentenich da a Pallotti. Por responsabilidad ante Pallotti y su misión, por fidelidad al plan de Dios, nosotros asumimos su idea. Por lo tanto, Pallotti tiene una relevancia especial para Schoenstatt.

4.2. Cómo concretar la idea de la CAU

Luego, el P. Kentenich se planteó las siguientes preguntas: primero, cómo llegar a poner en marcha la *Confederación Apostólica Universal*; y segundo, cómo lograr que los palotinos, la *Sociedad del Apostolado Católico* (SAC), que estaba llamada a ser históricamente la parte central y motriz de la CAU, porque Pallotti le había asignado ese papel al fundarla, llegaran a asumir esa tarea.

El P. Kentenich consideró entonces que, si Schoenstatt quería realizar la idea de Pallotti de la *Confederación Apostólica Universal*, tenía ante sí dos caminos posibles: uno consistía en centrarse en la Sociedad Palotina y tratar de llevar Schoenstatt a la Sociedad. Es decir, que la parte central y motriz recobrara su misión original y reconociese en Schoenstatt la realización del Apostolado Católico de Pallotti.

Otro camino, afirmaba el P. Kentenich, era pedir la liberación de su trabajo dentro de los palotinos, es decir, dejar de ser director espiritual del Seminario Menor, tratando que otra persona lo asumiera, para él dedicarse por entero a desarrollar el Movimiento de Schoenstatt, como *"primera ala"* o caso preclaro de la CAU. Así, poco a poco, se debería ir viendo los caminos que condujesen a estructurar, en concreto y cuando la Providencia mostrase el momento adecuado, la *Confederación Apostólica Universal*.

El P. Kentenich consideró que el primer camino era demasiado difícil. Que probablemente no conduciría a la meta. Además que, incluso aunque se lograra, los palotinos eran una pequeña comunidad, una comunidad sin mayor importancia al interior de la Iglesia, de tal manera que no tendrían el peso para invitar a otras comunidades y organizaciones para conformar con ellas una *Confederación Apostólica Universal*.

De allí que él decidió abocarse primero a desarrollar Schoenstatt como un caso preclaro, que fuese un modelo de lo que podría ser en el futuro la *Confederación Apostólica Universal*. Por eso habla de Schoenstatt como la *primera ala* o *primera columna*, son las dos expresiones que usa, de la Confederación Apostólica Universal.

4.3. Estructuración de Schoenstatt como una Confederación de comunidades

Se trataba de desarrollar en Schoenstatt un conjunto de comunidades autónomas, que se coordinasen y se proyectasen apostólicamente. La Obra de Schoenstatt contaría para ello con las gracias que emanaban de la alianza de amor y del santuario. Porque, de otra manera, ¿cómo realizar tan gigantesca idea? Esta *"primera ala"* debía llegar a ser modelo para una *"segunda ala"*, en la cual el elemento que formalmente los uniría ya no sería la alianza de amor en el santuario sino la responsabilidad apostólica en la Iglesia.

Por lo tanto, se decía el P. Kentenich, mi tarea será tratar de construir esta *"primera ala"*. Por eso, cuando, poco a poco, empieza a fundar las comunidades de Schoenstatt y a pensar cómo se relacionarían esas comunidades entre sí, él tiene total claridad de que éstas debían ser autónomas, pero coordinadas en forma federativa.

Cuando se plantea la tarea de congregar y ganar el derecho a existencia de las diversas comunidades que van surgiendo en Schoenstatt, recurre al *"derecho de agregación"* que tenía la comunidad de los palotinos. Es decir, el derecho de agregar otras comunidades bajo su alero. Hasta ese momento, en el derecho eclesial, no existía la figura de comunidades que se asociaran confederativamente. Cada comunidad era autónoma y actuaba autónomamente. Sí podía formar una "orden tercera", dependiente de ella, que asumiera su espiritualidad y cooperase con ella. Pero, para el P. Kentenich, era claro que este modelo hacía imposible la idea de la *Confederación Apostólica Universal*, pues ninguna comunidad estaría dispuesta a subordinarse a otra. En cambio, sí era posible pensar en una confederación, en la cual cada comunidad guardase su autonomía.

El P. Kentenich recurre al *derecho de agregación* como algo transitorio, puesto que no había otra posibilidad por el momento. Por eso, esperaba que la Iglesia reconociese nuevas formas canónicas que le abriesen espacio a los Institutos fundados por él en Schoenstatt. Esto sucede con la promulgación de la *Constitución Provida Mater Ecclesia* (Pio XII, 1947), donde se establece y reconoce el derecho pontificio a los institutos seculares.

El P. Kentenich comienza entonces a conceder autonomía a cada Instituto: a las Hermanas, al Instituto de Nuestra Señora de Schoenstatt, a los sacerdotes. Pronto, esto genera conflictos con la comunidad de los padres palotinos. Por ejemplo, cuando el Instituto de las Hermanas de María obtiene su reconocimiento diocesano y papal, los palotinos pensaban que ellos debían tener el último control.

4.4. La estructura jurídica de Schoenstatt

Surge, entonces, la discusión acerca de la estructura jurídica de la Obra de Schoenstatt. El P. Kentenich defiende la independencia jurídica de cada comunidad, teniendo en vista la *Confederación Apostólica Universal*. En ésta no existiría una comunidad que poseyese la última autoridad jurídica sobre las otras. Se trataba precisamente de una confederación, de una unión libre. Los palotinos dicen al P. Kentenich que, al separar las comunidades de Schoenstatt de su tutela, él los está traicionando.

El P. Kentenich aclara que, en el proceso de fundación, se habían unido en él diferentes funciones: primero, la tarea que le había dado el General, que era ser el Delegado General para el Schoenstatt alemán (él estaba actuando, en ese sentido, como representante de los palotinos que, en ese momento, tenían la función de ser *parte motriz y central* del Movimiento); luego, los derechos de fundador de las distintas comunidades y, por último, los derechos que le correspondían a los obispos diocesanos respecto a las ramas del Movimiento, por su estructura diocesana. Ahora correspondía "destrenzar" esos derechos.

Por lo tanto, el P. Kentenich dice a los palotinos: Si ustedes quieren controlar la Obra, puesto que el General de los palotinos quería tener la última autoridad, en el fondo ustedes mismos están quitándole universalidad. Porque si lograran lo que quieren, a lo sumo lograrían el control de las comunidades que son de Schoenstatt, pero ninguna otra comunidad estaría dispuesta a someterse a ustedes. Una comunidad o movimiento participa libremente en una confederación, en la cual se coordina con otras, cuando en esas circunstancias nadie puede imponerle nada; no se somete a nadie y, en cambio, puede ganar mucho.

Se trataba, por lo tanto, de crear una instancia federativa de coordinación suprema y esa instancia debía estar bajo la Santa Sede. De lo contrario, seríamos "una Iglesia dentro de la Iglesia"; respecto a la jerarquía seríamos un "estado dentro del estado". Se trataba, en cambio, de una coordinación libre y voluntaria en la cual se dan "primus inter pares", pero ninguno que sea jefe o última autoridad.

Es interesante destacar esto porque, cuando se aprobaron las Constituciones de los Padres de Schoenstatt en Roma, el P. Beyer, un jesuita francés especialista en institutos seculares y uno de los consultores de la Congregación de Religiosos, dijo: "Ustedes son muy parecidos al *Opus Dei*, pero la diferencia es que el *Opus* tiene un sistema monárquico; hay una sola cabeza de toda la Obra; hay también otras autoridades, pero es una la que dirige todo. En cambio, ustedes son un sistema federativo. Lo monárquico es preconciliar y lo federativo es postconciliar y es lo que tiene futuro. Actualmente hay una pluralidad de comunidades, pero yo admiro el hecho de que el P. Kentenich, ya en una época tan temprana, haya desarrollado esa idea federativa, porque esa estructura es algo reciente. Es decir, las Conferencias Episcopales, las Conferencias de Superiores, esas estructuras de Consejo, son nuevas, pero el P. Kentenich las había pensado hace mucho tiempo. Eso constituye un gran valor y tiene futuro."

Más tarde, cuando se da por finalizada la visita apostólica al Movimiento de Schoenstatt (1953), Roma aprueba el Estatuto General de la Obra de Schoenstatt. Con ello, definitivamente, se da paso a lo que el P. Kentenich había pensado para la obra como *primera ala* de la Confederación Apostólica Universal. Hay que tener presente, sin embargo, que esto constituye un caso único, pues en el derecho canónico no existe aún una forma jurídica que reconozca y regule esta "comunidad de comunidades", que es Schoenstatt y que son los otros movimientos apostólicos que han surgido en el seno de la Iglesia en el tiempo actual.

5. El lugar que ocupa san Vicente Pallotti en la Obra de Schoenstatt

¿Cuál es, formalmente, la importancia de Pallotti para Schoenstatt?

Schoenstatt reconoce en Pallotti un "punto de contacto" en el sentido de que el P. Kentenich, como fundador, se inspira en Pallotti para asumir una finalidad que considera como una idea original de Pallotti y no específicamente suya. ´

Esta idea de Pallotti, que él adopta, no se refería solamente a la promoción del apostolado de los laicos en general, sino a la unión confederativa de las comunidades apostólicas en la Iglesia.

Por eso, el P. Kentenich reconoce a Pallotti un valor de fundador en relación a esta finalidad. Es un *"punto de contacto"* y no simplemente una fuente de inspiración que ha sido integrada dentro de toda la estructura pedagógica y espiritual de Schoenstatt.

El P. Kentenich se ha inspirado en muchos otros santos; se ha inspirado, por ejemplo, en san Francisco de Sales, en san Luis Grignion de Montfort, en muchos otros, pero de éstos sólo ha escogido y asumido aquellas cosas que, desde su perspectiva, le parece que corresponden a lo que Schoenstatt quiere. Como.Obra de Schoenstatt no tenemos una vinculación personal a ellos o una responsabilidad especial respecto a su carisma. Si en forma personal queremos tener un vínculo especial con alguno de ellos, ciertamente lo podemos, pero es algo muy diferente cuando se trata de la persona y carisma de san Vicente Pallotti.

En cambio, respecto a Pallotti, dice abiertamente que esta idea de la *Confederación Apostólica Universal* es tomada de Pallotti y agrega que la ha tomado con fe en el carisma de Pallotti.

Es decir, si Pallotti es un santo y la Providencia le ha dado esa misión, y si Schoenstatt nace dentro de esa comunidad que él ha fundado, ello significaba que Schoenstatt está llamado a hacerse responsable de esa misión, haciendo posible que se realice esa misión que Dios había dado a Pallotti. Por eso, se compromete con Pallotti, con su carisma propio. Por eso Pallotti es *"punto de contacto"*, porque no solamente se trata de una idea suya, sino de su carisma, de su intercesión, de su persona.

El P. Kentenich comenzó, en Milwaukee, a usar la expresión *"puntos de contacto"*. Después, a su regreso, mantuvo esta expresión puntos de contacto, y afirmó que Pallotti era también un punto de contacto. Especificó que usar o no la terminología de un *"cuarto punto de contacto"*, no tiene mayor relevancia. Generalmente, era común, desde Milwaukee, hablar de los *"tres puntos de contacto"*: María, el padre fundador y el santuario. Como existía un temor respecto a los palotinos, que querían contraponer Pallotti y Schoenstatt, algunos prefirieron no usar la expresión *"punto de contacto"* en relación a Pallotti. En todo caso, es claro que el P. Kentenich, como fundador, es un punto de contacto esencial para Schoenstatt, y que Pallotti lo es en relación a él, en cuanto y como el fundador de Schoenstatt lo asume.

6. La persona de Pallotti recuerda y concretiza el llamado a ser "corazón de la Iglesia"

Pallotti nos recuerda lo que el P. Kentenich indicó cuando usaba la expresión: "Yo para Schoenstatt, Schoenstatt para la Iglesia y la Iglesia para el Dios trino". Nos recuerda que Schoenstatt está para la Iglesia, en el sentido de su *"Dilexit Ecclesiam"*.

Pallotti quería una obra para la Iglesia, por su amor y responsabilidad por la Iglesia. Su perspectiva era ayudar a la Iglesia en su misión evangelizadora. Decía que, si no se aunaban las fuerzas apostólicas, la Iglesia no sería capaz de cumplir su misión en el mundo actual.

Pallotti nos recuerda especialmente esta dimensión: la proyección de Schoenstatt hacia la Iglesia en su acción evangelizadora.

Schoenstatt está para la Iglesia, para coordinarse con las demás comunidades de la Iglesia, para inspirarlas, valorándolas a cada una en su originalidad y misión propias.

La eclesialidad de Schoenstatt se realiza así en la modalidad de la *Confederación Apostólica Universal*. Es decir, no solamente se trata de aportar nuestro carisma a la Iglesia, como cualquier otra comunidad debe hacerlo, como los carmelitas, los jesuitas, etc., pues todos están llamados a entregar su carisma a la vida de la Iglesia.

En el caso de Schoenstatt, se trata de que nuestro carisma incluye el que nosotros estamos llamados a valorar, coordinar, inspirar y hacer fecundos todos los carismas apostólicos de la Iglesia, desde nuestro propio carisma, es decir, sirviendo y aunando fuerzas en bien de la evangelización.

Esto es justamente lo que marca la diferencia respecto a lo que antiguamente sucedía: que las comunidades religiosas con sus carismas, en lugar de coordinarse, de integrarse, de complementarse, se combatían unas a otras. Era clásica la competencia y la oposición de las comunidades religiosas. En lugar de ayudarse, reinaba lo que se denominaba la *"invidia clericalis"*, la envidia clerical.

Por eso, la proyección de Schoenstatt hacia la Iglesia no significa meramente que Schoenstatt tenga un lugar en la Iglesia y sea reconocido como otras comunidades de la Iglesia.

Esto sería sólo una parte de su proyección a la Iglesia. Schoenstatt no quiere ser simplemente reconocido y tener un lugar en la Iglesia, sino que quiere ser instrumento para que en la Iglesia se coordinen las obras apostólicas, para que todos los carismas se integren.

Esto va en la línea de lo que el Papa Juan Pablo II pidió en Pentecostés de 1998 al convocar a los diversos movimientos eclesiales: un nuevo Pentecostés para la Iglesia, un Pentecostés en el cual cada uno habla en su lengua, pero donde todos se entienden.

Somos responsables de que el apostolado universal, la *globalización apostólica,* no signifique una uniformación –que es el peligro a veces cuando se organiza una estructura–, sino que se busque la unidad en la diversidad, la unidad guardando la diversidad de cada carisma, la originalidad de cada comunidad, de cada movimiento. Nosotros, desde Schoenstatt, queremos ser garantes de esto. Ésta es la dimensión que históricamente proviene de Pallotti.

Como Movimiento de Schoenstatt debemos sentirnos responsables de esa unidad de las fuerzas apostólicas.

Por eso, nuestra misión al servicio de la Iglesia no solamente se da ofreciendo el carisma pedagógico, el carisma mariano y providencialista de Schoenstatt, sino también el carisma que viene de Pallotti, que quiere crear una actitud de coordinación apostólica dentro de la Iglesia, de valoración, de integración de todos los carismas apostólicos que se dan en ella. Si fuésemos fieles a esto, Schoenstatt no debiera entrar en competencia con otras comunidades sino aunando y siendo factor de coordinación.

7. Exigencias que se siguen para Schoenstatt a partir de la CAU

Este tercer fin de Schoenstatt, la *Confederación Apostólica Universal,* que proviene de Pallotti, tiene una repercusión importante para Schoenstatt mismo, en el sentido de ser caso ejemplar como *"la primera ala"* o *"primera columna"* de la Confederación Apostólica Universal.

Para que la *Confederación Apostólica Universal*, la CAU, llegue a ser una realidad, primero, tenemos que vivir esa realidad en nosotros mismos. Somos federativos, pero ¿qué significa ser federativos? Cuando se dice que alguien es sólo de la Liga, sólo de la Federación, sólo de... ¿qué significa ese "sólo"? ¿Que está solo? Son caminos distintos, comunidades que tienen igual valor, pero distinto tipo de compromiso.

Si la Liga, la Federación, el Instituto y las diferentes comunidades, no se entienden bien entre sí y no se coordinan; si no se coordinan los Institutos con las Federaciones, si las comunidades de élite no se coordinan con la Liga o, incluso, pretenden dominarlas o controlarlas, se hace imposible la coordinación en la diversidad y, por ello también, la posibilidad de generar la coordinación de otras comunidades al interior de la Iglesia.

Por lo tanto, tenemos que mostrar en nosotros mismos cómo funciona una estructura federativa, cómo funcionan, por ejemplo, los consejos. Las ramas y comunidades de élite tienen sus propias direcciones, pero existen, además, los consejos diocesanos, los consejos nacionales, el Consejo Internacional. Si estos consejos funcionan realmente en forma federativa y hay unidad en la diversidad, si se acuerdan estrategias apostólicas comunes, si se generan acciones evangelizadoras coordinadas, con ello se está demostrando que, al interior de la Iglesia, es posible una coordinación semejante de la acción apostólica.

Es interesante constatar que, al margen de Schoenstatt, después del Concilio y en distintos ámbitos, estas coordinaciones, de hecho, se están produciendo. Hay reuniones de superiores generales, reuniones de superioras generales, reuniones de movimientos laicales, etc. Se dan encuentros de movimientos, encuentros de pastoral familiar, de religiosidad popular, etc. Es decir, hay una cantidad de acciones en las cuales nosotros, Schoenstatt, debiéramos ser alma. Sin embargo, a veces nos falta presencia y si no estamos presentes, mucho menos podremos ser alma de esas coordinaciones, del apostolado de los laicos. A veces se realizan muchas reuniones de apostolados laicos en que ni siquiera estamos presentes.

En ese sentido, es un llamado de atención positivo para Schoenstatt el que Chiara Lubich y los focolares se hayan sentido responsables del llamado del Papa Juan Pablo II en relación al encuentro en Pentecostés, en el cual les pedía que se encargasen de promover la unidad de los movimientos eclesiales. En el fondo, ese llamado del Papa es convergente con lo que Pallotti quería. Los focolares han invitado a estas reuniones para coordinarse. Es algo que nosotros debiésemos hacer, pero es bueno que ellos lo hagan y nos alegramos de que lo hagan, pues no se trata de exclusividad sino de responsabilidad. Creo que en esto aún nos falta mucha conciencia eclesial.

Pienso que se trata de un proceso de madurez. La persona tiene que crecer. Cuando la persona es un niño, no se preocupa de los demás; cuando es adolescente, está buscando su identidad; y cuando es adulto, posee ya su identidad y debe empezar a ver cómo proyectarse e integrarse en el todo.

Es decir, donde Schoenstatt ya es adulto, donde tiene su estructura, debería darse esa preocupación eclesial de coordinación y de mostrar un modelo de coordinación federativa. Donde Schoenstatt está naciendo, indudablemente, debe preocuparse primero de contar con adeptos y ocuparse de sí mismo, por lo tanto, no está preocupado primeramente de coordinarse. Tiene que construir y desarrollar Schoenstatt. Pero una vez que esto se ha dado en una medida razonable y que Schoenstatt está relativamente maduro y estructurado, porque este proceso siempre se estará dando y profundizando, cambia la acentuación.

Si Dios quiso que Schoenstatt fuese una obra de la Iglesia, quiere algo con ello y nosotros somos responsables de ayudar a que Schoenstatt se realice como obra de Iglesia. En una primera etapa, si se opta por la Federación, la Liga, la Militancia, un Instituto, etc., tenemos que estar convencidos del valor propio de cada una de esas comunidades, pero después, nuestra responsabilidad se dirige a coordinarnos y no a estar centrados solo en nosotros, o, incluso, descalificando a los otros.

Si al interior de Schoenstatt no se cultiva la conciencia del carácter federativo de Schoenstatt, pueden producirse egoísmos grupales. Si no logramos coordinarnos mutuamente las Hermanas de María con las Señoras de Schoenstatt, el Instituto de Sacerdotes Diocesanos con los Padres de Schoenstatt, con la Federación de Familias, la Liga con las Federaciones e Institutos, etc., no podremos hacerlo con otras comunidades. Si, teniendo en común el fundador, la alianza de amor, el santuario, etc., a pesar de eso, nos cuesta reconocernos y alegrarnos de que el otro sea distinto, si no damos espacio al otro, si no nos valoramos y logramos establecer estrategias apostólicas comunes, asumiendo mancomunadamente tareas en bien del todo al servicio de la Iglesia, entonces quiere decir que estamos lejos de llevar a cabo el sueño del P. Kentenich y de san Vicente Pallotti.

Por eso, la inserción eclesial de Schoenstatt, si quiere darse como el padre fundador la quería, pasa por asumir conscientemente esta dimensión de la *Confederación Apostólica Universal*. Como dijimos, nosotros no existimos en la Iglesia solamente para aportar el carisma específico de Schoenstatt, como cada comunidad lo debe hacer y lo trata de hacer. Pertenece a nuestro carisma el que lo hagamos con la responsabilidad de ayudar a coordinar otros carismas y sentir que lo nuestro, nuestra pedagogía, nuestra espiritualidad, es una ayuda a esa coordinación y no un obstáculo.

La bendición del santuario de Belmonte en Roma es un gran paso simbólico en esta dirección. Primero, es una presencia; la presencia del Schoenstatt internacional en Roma. Pero presencia ¿para qué? ¿Para que haya una comunidad más? ¿O para que haya una comunidad que, como el P. Kentenich quería y pensaba, asumiese la promesa que él hizo a los Papas y, especialmente, a Pablo VI, de que Schoenstatt, todas las comunidades de Schoenstatt, se comprometiesen a sentirse responsables de ayudar a realizar el Concilio Vaticano II? ¿Concilio que, justamente propuso una *eclesiología de la comunión?* Sin duda que la bendición de este santuario fue para esta finalidad.

Lo que el Concilio formuló, teológica y pastoralmente, como eclesiología de la comunión, al describir la Iglesia como misterio, comunión y misión, es una actitud, pero esta también tiene que expresarse estructuralmente en la coordinación de las fuerzas apostólicas.

Es una comunión de unidad en la diversidad, que no es uniformidad ni dominio de uno sobre otro. De eso somos responsables y tenemos que tomar una mayor conciencia de ello. En esto aún nos falta mucho.

Indice Completo

www.ingramcontent.com/pod-product-compliance
Lightning Source LLC
LaVergne TN
LVHW042351190726
843493LV00005B/965